LA POLITIQUE
LINGUISTIQUE
DU QUÉBEC $\frac{1977}{1987}$

Comité de direction de la collection:

Raymond Duchesne
Fernand Dumont
Jean Hamelin
Léo Jacques
Jean Proulx
Norman Ryan

Diagnostic réunit des ouvrages portant sur des questions de brûlante actualité et destinés au grand public. Les auteurs sont invités à y présenter un état de la question, à tenter de cerner le problème et à suggérer des éléments de solution ou des pistes de recherche, dans un langage simple, clair et direct.

Diagnostic veut informer, provoquer la réflexion, stimuler la recherche et aider le lecteur à se former une opinion éclairée.

DIAGNOSTIC 6

Michel Plourde

LA POLITIQUE LINGUISTIQUE DU QUÉBEC $\frac{1977}{1987}$

1993

INSTITUT QUÉBÉCOIS DE RECHERCHE SUR LA CULTURE

Données de catalogage avant publication (Canada)

Plourde, Michel, 1931-

La politique linguistique du Québec, 1977-1987

(Diagnostic; 6)

ISBN 2-89224-103-0

1. Politique linguistique — Québec (Province). 2. Québec (Province) — Langues — Droit. 3. Québec (Province) — Charte de la langue française. 4. Français (Langue) — Aspect social — Québec (Province). I. Institut québécois de recherche sur la culture. II. Titre. III. Collection.

KEQ752.P56   1988   344.714'09   C88-096195-3

Conception graphique de la couverture: Gilles Caron

ISBN: 2-89224-103-0

Dépôt légal: 2ᵉ trimestre 1988 — Bibliothèque nationale du Québec

Distribution: Diffusion Prologue inc.
1650, boul. Lionel-Bertrand, Boisbriand (Québec) J7E 4H4
Téléphone: (514) 434-0306 — Télécopieur: (514) 434-2627

Institut québécois de recherche sur la culture
14, rue Haldimand, Québec (Québec) G1R 4N4
Téléphone: (418) 643-4695 — Télécopieur: (418) 646-3317

À Monique
venue d'ailleurs
mais profondément québécoise

Avant-propos

Les questions reliées à la politique linguistique du Québec constituent un dossier vaste et complexe. Les limites du présent ouvrage n'ont pas permis de les aborder toutes.

J'ai surtout cherché à présenter et à analyser le contenu, l'évolution et l'impact de la législation linguistique qui a marqué le Québec des dix dernières années.

La situation de la langue française y est abordée et décrite non pas tellement dans ses aspects sociaux et culturels, mais plutôt en relation avec la politique gouvernementale, et presque uniquement en fonction du statut de la langue et non de sa qualité.

J'ai dû opérer des choix à chaque instant, préférant laisser tomber des détails, parfois même des nuances, pour faire ressortir davantage les significations, les liens, les synthèses. Tout en étant le plus historique et le plus factuel possible, cet ouvrage contient aussi des jugements personnels.

Le premier chapitre décrit les antécédents législatifs de la Loi 101. Les deux derniers chapitres, de nature plus prospective, se situent en majeure partie au-delà de la Loi et cherchent à définir les conditions d'avenir de la langue française au Québec. Les quatre chapitres centraux sont consacrés à la Charte de la langue française: son contenu, son évolution, ses succès, ses revers.

Je souhaite que cet ouvrage contribue à mieux faire connaître la politique linguistique du Québec, surtout chez les jeunes qui n'ont pas vécu cette période passionnante de l'histoire du Québec.

Michel Plourde

1

Vers un projet de société
(1969-1976)

Déchirements et frustrations:
le souvenir de Saint-Léonard et de la Loi 63

C'était le 27 juin 1968. Les cinq commissaires de Saint-Léonard allaient mettre fin à leur assemblée spéciale quand l'un d'eux, nouvellement élu, fit la proposition suivante:

> QUE dans toutes les premières années du cours primaire se trouvant sous la juridiction de la commission scolaire de Saint-Léonard-de-Port-Maurice à compter de septembre 1968, la langue d'enseignement soit le français[1].

Proposition en apparence bien normale, dans un Québec très majoritairement français!... Un commissaire s'y opposa, un autre quitta l'assemblée. La proposition fut quand même adoptée. Et pendant des mois, la population de cette municipalité scolaire fut déchirée par des dissensions et des controverses qui jetèrent les uns contre les autres les anglophones, les francophones et les italophones.

La proposition fut contestée en Cour supérieure et en Cour d'appel. Des classes de langue anglaise,

Saint-Léonard:
les faits

9

subventionnées par des dons privés, s'organisèrent dans des sous-sols. On exerça des pressions sur les parents d'origine italienne pour qu'ils boycottent les classes françaises de la commission scolaire. Un climat d'insécurité s'installa dans la population. La situation continua de s'envenimer, les esprits s'échauffèrent et, lors de la rentrée scolaire de 1969, de violents affrontements amenèrent les autorités à proclamer la loi de l'émeute. Finalement, l'adoption de la Loi 63 vint satisfaire provisoirement l'opposition anglophone, mais elle ne réglait rien du tout...

Que s'était-il donc passé à Saint-Léonard?

Les antécédents   Jusqu'au début des années 60, les résidents de Saint-Léonard étaient, à 99 %, d'origine française. Sept ans plus tard, sous l'effet de l'immigration, la population est dix fois plus nombreuse, mais on y compte à peine 60 % de francophones. À l'époque de la crise linguistique, les enfants d'immigrants, en grande majorité des Italiens, représentent 34 % de la population de cette commission scolaire (classes du primaire), soit 1 926 élèves. Or, près de 70 % de ces élèves sont inscrits aux classes anglaises[2]. Comment expliquer cela?

C'est que quelques années plus tôt, en 1962, alors que les «anglophones» de Saint-Léonard ne comptaient encore que pour 5 % de la population, déjà les premières classes anglaises avaient fait leur apparition. Les commissaires avaient alors décidé, en 1963, d'implanter à Saint-Léonard des classes dites «bilingues», à l'intention des «citoyens d'origine ethnique ni française ni anglaise», attendu, disaient-ils, «que cette partie de la population croit au bilinguisme au Canada», attendu également «que les commissaires d'écoles pour la Ville de Saint-Léonard favorisent le bilinguisme au pays, mais sont contre les écoles uniquement anglaises dans la province...[3]».

10

Les commissaires avaient pris cette décision, *Les enjeux*
en l'absence d'une politique gouvernementale en
matière de langue d'enseignement pour les immigrants. Or, l'enseignement bilingue préparait les
élèves, en fait, à continuer leurs études secondaires
en anglais et à s'intégrer à la minorité anglophone. La
majorité francophone était donc perdante: les enfants des immigrants italophones, qui jusque-là s'é-
taient intégrés à la communauté française, allaient
maintenant grossir les rangs de la minorité anglophone, parce qu'ils considéraient la langue anglaise
comme leur meilleure chance de réussite. C'est ainsi
qu'entre 1963 et 1968, date à laquelle se réunirent nos
cinq commissaires, le nombre d'élèves inscrits dans
les classes bilingues était passé de 300 à 1 600, au
détriment des classes françaises. Il fallait donc donner un coup de barre. «L'affaire de Saint-Léonard»
posait toute la question des droits linguistiques des
immigrants écartelés entre une majorité française qui
les accueille et une minorité anglaise qui les attire.

Le gouvernement devait intervenir pour freiner
la puissance assimilatrice de l'anglais auprès des immigrants. L'enjeu était trop important pour l'avenir
du Québec. On ne pouvait pas laisser la situation se
dégrader davantage. Le gouvernement ne pouvait
pas, semble-t-il, laisser aux immigrants le libre choix
de la langue d'enseignement. C'est pourtant ce qu'il
fit, avec la Loi 63...

La Loi 63, chef-d'œuvre d'ambivalence, trom- *La Loi 63*
peusement intitulée «Loi pour promouvoir la langue
française au Québec», reconnaît d'une part l'obligation des commissions scolaires de donner les cours
en français mais, d'autre part, le droit des parents au
libre choix de la langue d'enseignement!... En réalité, elle subordonne les droits collectifs du peuple
québécois aux droits des immigrants. Elle soumet le
sort de la langue française à la «demande» indivi-
duelle et au bon plaisir de chacun. Elle reconnaît

11

officiellement, pour la première fois dans un texte juridique, le statut particulier de la langue anglaise et les privilèges des anglophones au Québec.

Bref, au lieu de «promouvoir» la langue française et le caractère français du Québec, comme elle prétend le faire, elle consacre le statu quo et favorise le glissement du Québec vers l'anglicisation.

Inutile d'ajouter qu'à Saint-Léonard, au lendemain de son adoption, la quasi-totalité des élèves qui fréquentaient jusque-là les classes bilingues optent carrément pour l'école anglaise.

Échec pour la langue française   L'histoire de Saint-Léonard et de la Loi 63 apparaît finalement comme le symbole de l'infériorité francophone. La langue française en sort dévalorisée.

La minorité anglophone, ou, si l'on veut, «l'establishment», a remporté la partie. Et, chez les francophones, commence à se faire jour l'amère déception d'un peuple que le père de la Révolution tranquille a déclaré «maître chez lui» mais qui, en réalité, ne l'est pas...

Le souvenir de ces événements pèsera lourd dans la mémoire collective lors des débats linguistiques des années 70.

Les droits linguistiques, un besoin de plus en plus ressenti: les conclusions de la Commission Gendron

La crise de Saint-Léonard ne faisait que rendre plus vives et plus nombreuses les questions qui avaient surgi dans l'opinion publique depuis le début de la Révolution tranquille à propos du droit des Québécois de faire respecter leur langue. Les droits individuels allaient-ils l'emporter sur ce droit collectif? Le Québec n'avait-il pas le droit d'exiger, comme

12

cela se fait partout ailleurs dans le monde, que les immigrants fréquentent les écoles de la majorité? La minorité anglophone avait-elle le droit de faire échec à cet objectif légitime? Au-delà de l'école, la majorité francophone n'avait-elle pas le droit d'être servie dans sa langue et de travailler dans sa langue? Quels moyens pouvait-on prendre pour assurer le développement et l'avenir d'un Québec français économiquement fort, et maître de lui-même?

Le gouvernement disposait déjà d'une abondante documentation, issue des rapports de la Commission Parent et de la Commission Laurendeau-Dunton, ou provenant de nombreuses études qui furent réalisées à cette époque. Mais, devant la gravité et la complexité des questions posées, il décida de créer une Commission d'enquête «sur la situation de la langue française et sur les droits linguistiques au Québec» (Commission Gendron). Le gouvernement était d'ailleurs embarrassé et ne savait quelle position prendre: d'une part, les francophones étaient de plus en plus favorables à une politique d'unilinguisme; d'autre part, les anglophones s'accrochaient de plus en plus au statu quo, à leurs privilèges et au bilinguisme; enfin les immigrants, qui penchaient davantage du côté anglophone, réclamaient pour leurs enfants le libre choix de la langue d'enseignement. La Commission Gendron devait permettre au gouvernement de l'Union nationale de Jean-Jacques Bertrand de gagner du temps et d'y voir un peu plus clair. Mais, créée en 1968, elle ne déposa son premier rapport que quatre ans plus tard, sous le gouvernement libéral de Robert Bourassa[4].

La Commission Gendron

Ce qui frappe d'abord, c'est que, malgré l'affaire encore toute chaude de Saint-Léonard, la Commission ne crut pas bon d'accorder trop d'importance au secteur de l'éducation. Au lieu de s'attaquer résolument au problème de la langue d'ensei-

La langue d'enseignement

13

gnement, de clarifier les droits des uns et des autres et de proposer une politique d'avenir, la Commission se comporta comme si la Loi 63 avait réglé le problème, du moins provisoirement. Au grand soulagement des anglophones et des allophones, elle recommandait d'attendre quelques années avant d'abroger la Loi 63, pour mieux juger de ses effets! Toute la question restait donc en suspens...

La langue de travail   En revanche — et c'est là le grand mérite de la Commission, — elle accordait beaucoup d'importance à la langue du travail et mettait en lumière la nécessité d'un développement du français qui trouve son point d'appui sur le contexte socio-économique. Cette dimension sera désormais inscrite au cœur des futures législations linguistiques québécoises. Désormais, le français ne pourra plus être uniquement la langue de l'éducation et de la culture; il sera aussi la langue du travail et du gagne-pain, la langue d'une économie jusque-là traditionnellement associée à l'anglais.

La Commission Gendron a également le mérite d'avoir insisté sur le droit d'être servi en français. À cet égard, elle recommandait au gouvernement de se donner «comme objectif général de faire du français la *langue commune* des Québécois», une langue «connue de tous» et qui «puisse servir d'instrument de communication dans les situations de contact entre Québécois francophones et non francophones» (vol. 1, *La langue de travail*, 1972, p. 154). Elle recommandait en outre «qu'un délai maximum de cinq ans soit accordé aux entreprises privées pour généraliser l'emploi du français dans leurs communications directes» et pour faire en sorte «que tout employé du secteur privé qui [...] est susceptible d'entrer en contact avec un client ait une connaissance d'usage de la langue française» (p. 235).

14

Mais la Commission Gendron n'alla pas aussi loin, dans ses conclusions, que certains l'auraient espéré. Certes, elle recommandait de faire du français la langue officielle du Québec. Mais, en même temps, elle considérait l'anglais comme «langue nationale»!... et proposait pour la généralisation de l'usage du français au Québec des mesures purement incitatives.

Dans l'ensemble, les conclusions de la Commission Gendron ajoutèrent encore à la frustration des francophones[5]. Les grands critiques de l'heure, René Lévesque, Léon Dion, Fernand Daoust, exprimèrent leurs réserves ou leur insatisfaction. Les anglophones craignaient par-dessus tout les mesures coercitives et le retrait de la Loi 63: ils pouvaient donc dormir en paix, puisque la Commission Gendron n'y touchait pas.

Le statut de la langue française

Deux ans après la Loi 63, le recensement de 1971 avait apporté à l'opinion publique francophone le traitement de choc dont elle avait besoin. Subitement, chiffres en mains, les Québécois francophones avaient pris conscience de leur dégringolade collective. Le Québec qui, traditionnellement, affichait un taux élevé de natalité, se retrouvait au dernier rang des provinces canadiennes, avec un taux inférieur à la moyenne nationale. Or, l'immigration ne pouvait pas compenser ce déficit puisque, à la faveur de la Loi 63, le pourcentage des immigrants qui choisissaient l'école française ne cessait de diminuer (de 14,8 % en 1969 à 13,7 % en 1972). Au chapitre des transferts linguistiques «nets», 99 045 personnes avaient adopté l'anglais comme langue d'usage depuis le dernier recensement, alors que seulement 3 700 avaient adopté le français[6].

Ajoutée à cela, l'étude de la Commission Gendron sur la langue de travail (qui montrait que 64 %

La question démographique

15

seulement des francophones travaillaient dans leur langue, alors que 63 % des anglophones pouvaient travailler en anglais) aurait dû conduire à l'adoption de mesures vigoureuses pour corriger l'ensemble de la situation de la langue française au Québec.

La réaction du gouvernement La Commission fut devancée par l'opinion publique et le gouvernement le comprit. Il fit bon accueil au rapport de la Commission Gendron, déclara qu'il n'y aurait pas de nouvelle loi linguistique avant les élections, se préoccupa avant tout de gagner celles-ci (en octobre 1973) et, six mois plus tard, il déposa son projet de Loi 22, qui tenait compte de certaines recommandations de la Commission mais la dépassait pour rejoindre à certains égards les aspirations de la majorité.

En particulier, la Loi 22 laissait tomber la notion des deux langues «nationales», faisait preuve de plus de fermeté à l'égard des minorités linguistiques et ouvrait déjà la voie, en quelque sorte, à certaines mesures plus coercitives qu'incitatives pour assurer le développement et la diffusion du français.

Une majorité qui reste sur son appétit: l'ambivalence de la Loi 22

Une première À maints égards, la Loi 22 constituait un progrès et une première...

Sur presque tous les points, la Loi 22, adoptée le 31 juillet 1974, dépassait la Loi 63. Son champ d'application s'étendait à cinq grands secteurs: l'administration publique, les entreprises et les professions, le monde du travail, le monde des affaires et l'enseignement. Elle donnait à la Régie de la langue française des pouvoirs d'intervention et d'enquête. Elle renforçait les mesures incitatives reliées aux programmes de francisation des entreprises et prévoyait deux mesures coercitives au chapitre de la langue des affaires. Pour la première fois, l'État se donnait un

16

rôle majeur dans l'aménagement linguistique du Québec et son intervention s'étendait à la plupart des domaines d'activités publiques où l'usage du français avait besoin d'être renforcé. Pour la première fois, le français était déclaré «la langue officielle du Québec».

Mais la Loi 22 portait à faux sur deux points: d'abord sur la langue d'enseignement, ensuite sur le statut réel du français au Québec. Le gouvernement avait en main tout ce qu'il fallait pour donner à la langue française une orientation décisive, mais il manqua de clairvoyance ou de courage.

Si le gouvernement comprit qu'il fallait aller à l'encontre de la Commission Gendron et abroger sans tarder la Loi 63, il sous-estima, lui aussi, l'urgence et l'importance de la question de la langue d'enseignement dans l'opinion francophone et évita de donner le coup de barre qu'il fallait, sans doute pour ménager la minorité anglophone. Au lieu d'indiquer aux immigrants, de façon claire et nette, le chemin de l'école française, il leur donna encore une chance de s'inscrire à l'école anglaise, à la condition de connaître suffisamment l'anglais. Cette «connaissance» de la langue d'enseignement donna lieu, on le devine, à de soudains engouements pour l'apprentissage instantané de l'anglais, ce qui fut loin d'enchanter les francophones... Et les «tests» du ministre, prévus à la Loi pour mesurer cette connaissance, mécontentèrent tous les groupes linguistiques! Pour la deuxième fois en cinq ans, un gouvernement touchait au problème de la langue d'enseignement sans le régler.

La langue d'enseignement

La faiblesse générale de la Loi 22 tenait à son objectif même et au degré de volonté que devait y investir le gouvernement. Deux terrains d'ambivalence.

D'une part, le gouvernement reconnaissait le français comme «la langue officielle du Québec», ce qui n'est pas peu dire. Cet article premier était précédé d'un très beau préambule où il était dit que «la langue française constitue un patrimoine national», qu'elle «doit être omniprésente dans le monde des affaires» et que le gouvernement du Québec doit «tout mettre en œuvre *pour en assurer la prééminence* et pour en favoriser l'épanouissement et la qualité». Mais, au-delà des déclarations symboliques, on constate clairement, à la lecture des articles qui suivent, que le législateur consacre plutôt, dans la plupart des secteurs, non pas la «prééminence» de la langue française, mais la possibilité d'un bilinguisme de facto capable d'occulter le caractère officiel ou prioritaire du français. La Loi fait référence à des règlements qui peuvent permettre des dérogations à l'usage du français et, à maints endroits, le choix de la langue est laissé à l'individu (articles 10, 15, 41). Plus souvent qu'autrement, les textes et les documents de l'administration publique et des entreprises ont le droit d'être accompagnés d'une version anglaise (articles 8, 20, 24, 30), ce qui, à toutes fins pratiques, dispense d'apprendre le français et ne favorise guère sa diffusion. Ainsi l'objectif de départ, qui aurait pu rallier les francophones, s'effrite et s'affaiblit à la lecture de la Loi, si bien que finalement on constate un fossé entre le statut du français garanti par la Loi et celui auquel aspiraient un nombre sans cesse croissant de francophones gagnés à l'idée de l'unilinguisme.

D'autre part, la volonté politique du gouvernement dans cette affaire n'allait pas vraiment jusqu'à vouloir «*tout mettre en œuvre*», comme le prétendait le préambule, pour «assurer la prééminence» du français et garantir son statut de «langue officielle». La presse et les milieux anglophones s'opposaient violemment aux intentions de la Loi 22, qui touchaient aux privilèges d'une minorité influente, et la dissidence d'un groupe de députés libéraux suscita des craintes au sein du caucus face à l'électorat anglophone.

Les auteurs de la Loi 22 n'avaient pas compris ou voulu comprendre qu'il était impossible de satisfaire à la fois les anglophones et les francophones. Le gouvernement apprit, à ses dépens, qu'en matière de langue, on ne peut pas servir deux maîtres. La Loi 22 se situe en pleine ambivalence entre le passé et l'avenir, entre la Loi 63 et la Loi 101, entre les anglophones et les francophones. Elle se situe au seuil d'un projet de société, comme un espoir qui n'a pas été rempli. Toutes les conditions étaient réunies pour dire oui à un Québec français, mais la conviction fit défaut... La Loi 22 fut emportée dans la défaite électorale du Parti libéral...

L'ambivalence de la Loi 22

L'accession au pouvoir du Parti québécois

Il y aura bientôt 20 ans que la question linguistique constitue un enjeu électoral important et délicat pour tous les partis politiques au Québec. Elle a joué un rôle majeur dans les défaites de l'Union nationale en 1970 et du Parti libéral en 1976, comme aussi dans l'accession au pouvoir du Parti québécois.

Un enjeu politique

À l'époque où fut votée la Loi 22, personne n'aurait imaginé que, deux ans plus tard, une jeune formation politique, qui, aux élections précédentes, n'avait réussi à obtenir qu'une demi-douzaine de sièges à l'Assemblée nationale, prendrait le pouvoir haut la main et réussirait à doter le Québec d'une législation linguistique qui, malgré tous les obstacles, vient de fêter son dixième anniversaire.

Conscients que, sur le plan économique et politique, la fédération anglo-canadienne ne leur en don-

19

nait pas pour leur argent, révoltés de constater que les francophones continuaient de gagner moins cher que les anglophones dans leur propre province et que la langue de la minorité était encore la clef d'accès aux meilleurs postes, les militants du Parti québécois étaient fermement décidés à investir l'État pour l'amener à faire respecter le français et les francophones sur leur propre territoire.

C'est ainsi que la question linguistique fut hissée au plus haut niveau politique. Si elle y était déjà parvenue jusqu'ici, c'était en quelque sorte malgré la volonté des gouvernements et à leur corps défendant. L'Union nationale et, jusqu'à un certain point, le Parti libéral avaient été forcés d'agir à cause des circonstances.

La réponse du Parti québécois
Pour la première fois, la langue allait devenir, consciemment, volontairement et sans ambiguïté, une affaire d'État et une priorité gouvernementale. Au lieu de traîner ce dossier comme un boulet, le Parti québécois allait en faire son étendard; au lieu d'être à la remorque de toutes les pressions, il allait s'ériger en maître d'œuvre.

Si l'élection du Parti québécois, le 15 novembre 1976, donna lieu à une grande explosion de joie, elle fut suivie, pour plusieurs, d'un long silence, semblable à un pincement au cœur!... Panique d'abord des anglophones devant la victoire du «séparatisme» et de l'«unilinguisme»! Crainte aussi de plusieurs francophones, habitués au statu quo et troublés par la dérangeante perspective de la souveraineté politique.

Jusqu'ici, nos hommes politiques avaient parlé de «souveraineté culturelle». Mais la «souveraineté politique» du Parti québécois visait, selon l'expression de René Lévesque, ce «pays qu'il faut faire», «ce seul coin du monde où nous puissions être pleinement nous-mêmes». Or, écrivait-il, «au cœur de cette personnalité se trouve le fait que nous parlons français. Tout le reste est accroché à cet élément essentiel[7].»

C'est dire la place et l'importance que le nouveau gouvernement allait accorder à la langue française.

1. Pour cette section, voir: Henry Égretaud, *L'affaire Saint-Léonard*, Société d'éducation du Québec, 1970. *Notes*

2. H. Égretaud, *op. cit.*, p. 23.

3. *Ibid.*, p. 11.

4. Pour cette section et la suivante, voir: Guy Bouthillier et Jean Meynaud, *Le choc des langues au Québec*, 1760-1970, Montréal, Les Presses de l'Université du Québec, 1972; Guy Bouthillier, *L'État et la planification linguistique*, Québec, Éditeur officiel du Québec, 1981; Jean-Claude Gémar, *Les trois états de la politique linguistique du Québec*, Québec, Conseil de la langue française, 1983.

5. Voir: J.-C. Gémar, *op. cit.*, p. 78-81.

6. *L'état de la langue française au Québec, Bilan et prospective*, Québec, Conseil de la langue française, 1986, t. I, p. 245.

7. René Lévesque, *Attendez que je me rappelle*, Montréal, Québec/Amérique, 1986, p. 297.

CHARTE DE LA LANGUE FRANÇAISE

PRÉAMBULE

Langue distinctive d'un peuple majoritairement francophone, la langue française permet au peuple québécois d'exprimer son identité.

L'Assemblée nationale reconnaît la volonté des Québécois d'assurer la qualité et le rayonnement de la langue française. Elle est donc résolue à faire du français la langue de l'État et de la Loi aussi bien que la langue normale et habituelle du travail, de l'enseignement, des communications, du commerce et des affaires.

L'Assemblée nationale entend poursuivre cet objectif dans un climat de justice et d'ouverture à l'égard des minorités ethniques, dont elle reconnaît l'apport précieux au développement du Québec.

L'Assemblée nationale reconnaît aux Amérindiens et aux Inuit du Québec, descendants des premiers habitants du pays, le droit qu'ils ont de maintenir et de développer leur langue et culture d'origine.

Ces principes s'inscrivent dans le mouvement universel de revalorisation des cultures nationales qui confère à chaque peuple l'obligation d'apporter une contribution particulière à la communauté internationale.

(texte de 1977)

2

La Charte de la langue française

La Loi 1 de l'an 1: un projet de société

Dans l'esprit des dirigeants et des militants du Parti québécois, l'heure était venue de consacrer le Québec comme société française, linguistiquement, culturellement et... bientôt (?) politiquement distincte du reste du Canada. Pour eux, la première tâche à accomplir était de soustraire la société québécoise à l'ambiguïté linguistique en consolidant ses assises françaises. Ce n'est pas par hasard si la première version du projet de loi linguistique du nouveau gouvernement portait le numéro 1. «C'était là le premier geste à poser, écrivait Camille Laurin, car la langue est le fondement même d'un peuple, ce par quoi il se reconnaît et il est reconnu, qui s'enracine dans son être et lui permet d'exprimer son identité[1].»

Priorité à la langue française

Mais ce projet de loi ne fut déposé qu'au printemps 1977. Comment s'explique ce délai, voire cette hésitation?

Il faut dire d'abord que la Loi 22 n'avait que deux ans et, comme nous l'avons dit, elle constituait

23

déjà, du moins dans sa matière, une pièce importante de planification linguistique. Peut-être valait-il mieux se contenter de la reprendre, d'en éliminer les faiblesses et de la «pousser» jusqu'à ses dernières conséquences?

Un difficile
consensus

Il faut dire aussi qu'entre les intentions généreuses d'un programme électoral et leur réalisation concrète s'interpose souvent un ensemble de facteurs qui viennent affaiblir la volonté politique et démontrer que «gouverner» n'est souvent que l'art du compromis. En plus des pressions auxquelles furent soumis les membres du gouvernement de la part des deux principaux groupes linguistiques, la nature même du dossier linguistique et certaines divergences de vues au sein du gouvernement vinrent compliquer la tâche de rédiger cette «loi-linguistique-projet-de-société».

Même s'ils sont clairement perçus, les objectifs linguistiques sont peut-être ceux qu'il est le plus difficile de traduire dans une loi. Cette entreprise soulève inévitablement la question des droits individuels par rapport aux droits collectifs, celle des droits de la minorité ou des minorités par rapport à ceux de la majorité, celle des droits ou privilèges historiques et des droits constitutionnels, celle enfin des limites mêmes d'une léglislation linguistique. La rédaction d'une loi linguistique, en pays bilingue ou multilingue, a pour but, soit d'aménager la coexistence des langues, soit de renforcer ou d'officialiser l'usage d'une langue par rapport aux autres, ce qui force à opérer une série de choix difficiles et de mesures plus ou moins contraignantes pour atteindre le dosage ou le degré d'usage recherché.

René Lévesque
et
Camille Laurin

Bien qu'ils fussent d'accord sur les objectifs fondamentaux, les ministres ne s'entendaient pas tous nécessairement sur le choix et l'importance des

24

mesures législatives à mettre de l'avant. En particulier, entre le premier ministre René Lévesque et le ministre responsable de l'élaboration du projet de loi, Camille Laurin, les discussions furent nombreuses et nourries, et le projet de loi fit souvent la navette entre les bureaux de l'un et de l'autre. Au fond, ce qui séparait les deux hommes, c'est qu'ils portaient un jugement différent sur la législation linguistique et sur la Loi 22. Légiférer sur la langue a toujours paru à René Lévesque comme une entreprise humiliante. Pour lui, la législation linguistique est une «prothèse» et un «instrument dont seule une société coloniale peut avoir à se doter». Il le redit dans ses mémoires, où il aspire à un «pays normal», débarrassé de «ces béquilles législatives foncièrement humiliantes[2]». Quant à la Loi 22, pour laquelle il considérait que Robert Bourassa avait fait preuve d'un «courage certain», il estimait qu'elle «ne s'éloignait pas tant que ça de notre propre façon de voir les choses[3]».

Pour Camille Laurin, au contraire, légiférer sur la langue, dans un contexte historique et social comme celui du Québec, était un acte de haute responsabilité politique et d'affirmation nationale légitime. À ses yeux de thérapeute et de pédagogue, la législation linguistique n'était pas seulement un instrument «remédiateur», mais aussi et surtout la «charte» d'un ordre nouveau qui apprend à un peuple à se respecter et à se faire respecter tout en respectant les autres. Quant à la Loi 22, il estimait qu'il fallait la «remettre sur les pieds alors qu'elle marchait sur la tête[4]» et que, par conséquent, une nouvelle loi était préférable, puisque «la Loi 22 avait le tort de poursuivre en même temps deux objectifs divergents: l'un de francisation du Québec et l'autre, de bilinguisme institutionnel[5]».

En mars 1977, Camille Laurin, ministre d'État au Développement culturel, présentait «à l'Assem-   *Du Livre blanc à la Loi 101*

25

blée nationale et au peuple du Québec» son Livre blanc sur «La politique québécoise de la langue française», bientôt suivi du projet de Loi 1, à propos duquel René Lévesque dit qu'il contenait «quelques passages d'un autoritarisme excessif[6]», et qui fut finalement retiré, expurgé et passé au crible de la *Charte des droits et libertés de la personne* adoptée deux ans plus tôt. Après avoir entendu tous les groupes en Commission parlementaire et permis à l'opinion publique de s'exprimer très largement, le gouvernement fit adopter, le 26 août 1977, la Loi 101 connue sous le nom de *Charte de la langue française*.

Cette loi fut saluée par les groupes nationalistes et par la plupart des francophones comme «le plus grand moment de notre histoire depuis la fondation de Québec». Il est vrai qu'au cours des mois qui en précédèrent l'adoption, les anglophones s'y étaient opposés si fortement qu'ils avaient réussi à créer chez les francophones une unanimité nouvelle. Il est vrai également que, pour la première fois, une législation linguistique avait un esprit et une âme, largement exprimés dans le Livre blanc. Elle finit par imposer le respect, même chez ceux qui ne l'acceptaient pas. Son importance n'échappait à personne: c'était plus qu'une loi, c'était une «charte», c'est-à-dire le titre solennel donné par un peuple à l'affirmation de son identité.

La Loi 1 de l'an 1?　　En ce sens, la *Charte de la langue française* était l'expression d'un projet de société et la Loi 1 de l'an 1 du Parti québécois. Mais était-elle vraiment, comme certains ont voulu le dire, la Loi 1 de l'an 1 d'un Québec souverain et traduisait-elle déjà, avant qu'elle ne soit faite, l'indépendance politique du Québec?

PROJET DE SOCIÉTÉ

Cette Charte a d'abord ceci de singulier qu'à la différence de la plupart des autres lois, elle porte sur l'ensemble de la vie en commun; elle suppose un projet de société. Ce projet de société, qui inspire et sous-tend l'ensemble et chacune de ses parties, est clair. Le Québec que nous voulons construire sera essentiellement français. Le fait que la majorité de sa population est française y sera enfin nettement visible: dans le travail, dans les communications, dans le paysage. C'est aussi un pays où sera modifié l'équilibre traditionnel des pouvoirs, particulièrement pour ce qui concerne l'économie: l'usage du français ne sera pas simplement généralisé pour masquer la prédominance de puissances étrangères aux francophones; cet usage accompagnera, symbolisera, favorisera une reconquête par la majorité francophone du Québec de l'emprise qui lui revient sur les leviers de l'économie. Pour tout dire, le Québec dont le portrait d'ensemble est déjà esquissé par la Charte est une société de langue française.

Il ne sera donc plus question d'un Québec bilingue.

Que l'État canadien se définisse comme bilingue n'empêche nullement que les provinces de l'Ouest, l'Ontario et les Maritimes soient massivement anglophones (à la seule exception du Nouveau-Brunswick). Le Québec n'est donc pas tenu d'être bilingue du fait de son appartenance au Canada. Au Québec, la consécration du français comme langue officielle implique que cette langue est vraiment la langue commune à tous les Québécois.

Par ailleurs, les diverses minorités auront toujours leur place au Québec.

La politique québécoise de la langue française, p. 34-35.

Ce serait exagéré de l'affirmer globalement. Seul le chapitre III, qui faisait du français la seule langue de la législation et de la justice allait délibérément à l'encontre de la Loi constitutionnelle de 1867 (article 133), et pour cause! Le Québec commençait à en avoir assez de ce bilinguisme des lois et des tribunaux qu'il était seul à devoir pratiquer au sein de la fédération canadienne, alors qu'Ottawa était impuissant à l'imposer à l'Ontario et que, de son côté, le Manitoba y avait renoncé impunément depuis 90 ans!... On se souvient pourtant qu'au lendemain du jugement de la Cour suprême (décembre 1979) qui invalidait le chapitre III de la Loi 101, le Québec déposa docilement et rapidement toutes ses lois dans leur version anglaise, alors que le Manitoba s'est péniblement traîné les pieds pendant les années qui suivirent!

Quant au reste, la Loi 101 n'avait rien de bien révolutionnaire! Certes, Camille Laurin avait gagné la «clause Québec» sur la «clause Canada» qu'aurait préférée René Lévesque. Mais, au grand dam des partisans purs et durs d'un Québec français, la Loi 101 laissait intact l'ensemble du réseau d'enseignement de langue anglaise et ne touchait absolument pas aux organes d'information, de diffusion et de communications «anglophones». Elle se contentait de faire en sorte que dans l'administration publique, dans le monde du travail, dans l'affichage, le commerce et les affaires, le «Québec devienne aussi français que l'Ontario est anglais».

Le Livre blanc sur la politique québécoise de la langue française

Le Livre blanc...   Ce petit livre, signé par Camille Laurin, constitue le fondement de la Charte de la langue française: il l'éclaire et lui donne tout son sens. En page couverture, figure en majuscules le mot QUÉBEC, sur lequel une main vient poser l'accent aigu, signe sen-

28

sible de la francisation. En moins de 70 pages, on y explique pourquoi et comment le gouvernement, attentif au cheminement du peuple québécois, entend désormais reconnaître à la langue française «des droits primordiaux».

Déposé en mars 1977 à l'Assemblée nationale, ce texte était aussi destiné au grand public. Aujourd'hui encore il mérite d'être lu, car les principes d'aménagement linguistique qu'il propose aux Québécois, de façon claire et pédagogique, ont gardé toute leur pertinence.

Ce qui frappe le plus, quand on relit ce livre à dix ans d'intervalle, c'est à la fois la sérénité du ton et l'équilibre du contenu. Rien d'emporté, rien d'absolu, beaucoup de nuances et de largeur de vue. L'assurance dans le diagnostic et la volonté de changement n'y font jamais perdre de vue le droit des autres ni le caractère relatif de la Loi. On redécouvre pourquoi la Charte de la langue française, inspirée de cet esprit, était porteuse de paix sociale. Dommage qu'une loi ne puisse pas être écrite comme un Livre blanc! Dommage aussi que certains, en lisant la Loi 101 ou en l'interprétant, n'aient pas eu devant les yeux le texte fondamental qui lui a donné naissance!

... son contenu

Les constats du chapitre premier rappellent la situation précaire de la langue française au Québec et l'urgence d'y apporter remède. Le chapitre III explique le contenu de la Loi que nous verrons ci-dessous, et le chapitre IV est un appel lancé à la concertation des organismes, des groupes et des individus pour qu'ils dépassent la lettre de la Loi, qu'ils suppléent à la faiblesse de celle-ci et qu'ils contribuent à en réaliser les objectifs dans la vie de tous les jours. Enfin, le chapitre II, qui est le cœur même de ce Livre blanc, met en valeur les fondements et l'originalité de la politique linguistique du Québec. Il exprime avec chaleur et conviction les quatre principes suivants sur lesquels elle repose:

... ses principes   1) *Au Québec, la langue française n'est pas un simple mode d'expression mais un milieu de vie.* Le message était de taille pour les Américains, habitués à considérer le Québec comme un simple «marché domestique» un peu original, et pour beaucoup d'Anglo-canadiens, enclins à penser que «la survivance du groupe francophone» constitue une «anomalie» ou une «curiosité» sur ce continent. L'avertissement que le nouveau gouvernement s'apprêtait à lancer, sur le plan national et international, est le suivant: Ce que les Québécois francophones réclament, ce n'est pas avant tout qu'on leur traduise les choses, mais qu'on les fasse en français chez eux et avec eux, comme ils le font eux-mêmes depuis plus de trois siècles. Ce qu'ils veulent, c'est la pleine reconnaissance de leur mode d'être, de penser, d'écrire, de vivre, de créer, de chanter et de travailler *en français*, au milieu de leurs institutions françaises.

2) *En même temps, on doit respecter les minorités, leurs langues, leurs cultures.* «Le français doit devenir la langue commune de tous les Québécois», quelle que soit leur origine, mais «une société vivante doit envisager les apports qui lui viennent de sa propre diversité» non pas seulement au nom de la tolérance, mais à cause de l' «indispensable enrichissement» qu'elle en retire. Les communautés culturelles «pourront évidemment conserver leurs langues respectives et les transmettre à leurs enfants». Mais «il ne saurait être question de privilégier les langues et les cultures minoritaires au prix de l'intégration de ces groupes à l'ensemble québécois francophone». Le gouvernement reconnaît, en particulier, l'existence de la population et de la culture anglaises et considère que, même si elle n'a pas de «droits acquis», la langue anglaise au Québec constitue «un état de fait dont le maintien dépend du respect que la communauté québécoise a toujours manifesté et qu'elle n'a pas l'intention de récuser à l'endroit du plus important de ses groupes minoritaires».

3) *Il est important d'apprendre d'autres langues que le français.* Ceux qui ont prétendu que la Charte de la langue française confinait les Québécois à l'unilinguisme français parlaient à tort et à travers. «En effet, l'exercice par le Québec de son droit d'être français n'interdit nullement aux groupes et aux individus de connaître et de parler une ou plusieurs autres langues [...]. On peut affirmer que le système d'éducation de tout État moderne devrait fournir aux citoyens la possibilité d'acquérir une bonne connaissance d'une deuxième, sinon d'une troisième langue.»

4) *Le statut de la langue française au Québec est une question de justice sociale.* «Les inégalités économiques sont une source d'injustice; les inégalités culturelles ne le sont pas moins [...]. Depuis longtemps, les travailleurs francophones du Québec sont défavorisés dans de trop nombreuses entreprises parce que la langue de travail y est, dans des proportions variées, la langue anglaise». L'anglais est aussi la langue des promotions et des meilleurs postes. «L'usage de l'anglais a fait partie d'un «ordre des choses» qui a tendance à se perpétuer, mais qu'on doit modifier.»

L'aménagement linguistique de la Charte

La Loi 101 comprenait, en 1977, 232 articles (la Loi 22 n'en contenait que 123). Elle s'attache d'abord à définir le statut de la langue française et son usage dans les divers domaines d'activités. Elle précise ensuite le rôle des organismes qui sont créés en vue de l'application de la Loi. Elle traite enfin des infractions et prévoit les peines à imposer aux contrevenants.

La Charte s'ouvre sur un préambule dont le ton est plein d'élévation et de sérénité: «Langue distinctive d'un peuple majoritairement francophone, la

Le préambule de la Charte

31

langue française permet au peuple québécois d'exprimer son identité»... Ce préambule est extrêmement important, car il résume, en moins de vingt lignes, l'objectif essentiel et l'esprit de la Charte: «*faire du français la langue de l'État et de la Loi aussi bien que la langue normale et habituelle du travail, de l'enseignement, des communications, du commerce et des affaires*», mais en même temps, «*poursuivre cet objectif dans un esprit de justice et d'ouverture*», dans le respect des minorités ethniques et du droit des premiers habitants du pays.

LES PREMIERS ARTICLES
DE LA CHARTE DE LA LANGUE FRANÇAISE

TITRE I
LE STATUT DE LA LANGUE FRANÇAISE

CHAPITRE I
LA LANGUE OFFICIELLE DU QUÉBEC

1. Le français est la langue officielle du Québec.

CHAPITRE II
LES DROITS LINGUISTIQUES FONDAMENTAUX

2. Toute personne a le droit que communiquent en français avec elle l'Administration, les services de santé et les services sociaux, les entreprises d'utilité publique, les ordres professionnels, les associations de salariés et les diverses entreprises exerçant au Québec.

3. En assemblée délibérante, toute personne a le droit de s'exprimer en français.

4. Les travailleurs ont le droit d'exercer leurs activités en français.

5. Les consommateurs de biens ou de services ont le droit d'être informés et servis en français.

6. Toute personne admissible à l'enseignement au Québec a droit de recevoir cet enseignement en français.

Le chapitre premier ne comprend qu'un seul article, qui déclare que «le français est la langue officielle du Québec». Il est immédiatement suivi de l'énumération des «droits linguistiques fondamentaux», au nombre de cinq: tout Québécois a le droit désormais de s'exprimer en français en assemblée délibérante, de travailler en français, d'être informé et servi en français, comme consommateur de biens et de services, et de recevoir l'enseignement en français. Il a également le droit que communiquent en français avec lui notamment l'Administration, les services publics et les entreprises établies au Québec...

Le statut de la langue française et les droits linguistiques fondamentaux

Le caractère de «charte» ou d'«acte solennel» de la Loi 101 lui vient essentiellement de son préambule et de ces six premiers articles, qui devaient, dans l'esprit de ceux qui les ont conçus, «compléter, en matière de langue, les droits reconnus aux individus par la Charte des droits et libertés de la personne[7]».

Les chapitres qui suivent s'appliquent à définir le statut et l'usage du français, et les mesures à prendre pour qu'il devienne le plus rapidement possible la «langue normale et habituelle» des Québécois dans six domaines d'activités publiques que le législateur a retenus: la législation et la justice, l'Administration, les organismes parapublics, le monde du travail, le commerce et les affaires, et l'enseignement.

L'aménagement général de la Charte

La Charte de la langue française répond aux principes reconnus d'aménagement linguistique. Quand on veut donner à une langue, qui est minoritaire de facto, le statut de langue officielle et commune de toute une société, il faut compter sur les «communications institutionnalisées» et sur certains éléments moteurs pour assurer la revalorisation et la primauté de cette langue; il faut aussi ne pas commettre l'erreur de mettre cette langue, encore trop faible, sur le même pied qu'une langue plus forte, car, comme le disait si justement le grand linguiste Joseph Hanse à propos du Québec, «mettre les deux langues sur le même pied, ce serait mettre les deux pieds sur la même langue»!...

Le cadre institutionnel: les lois et les tribunaux

La Loi 101 touche donc en premier lieu aux «communications institutionnalisées» qui régissent le fondement même de notre vie en société, c'est-à-dire d'abord les lois et les règlements officiels, ainsi que les jugements des tribunaux et les pièces judiciaires. Fidèle à son projet de société, elle voulait que le français devienne, au Québec, la langue de la législation et de la justice. Mais il aurait d'abord fallu, pour ce faire, changer la Constitution canadienne ou... s'en retirer! Un jugement de la Cour suprême du Canada vint donc rappeler au Québec, deux ans plus tard, qu'à ce chapitre il était forcé d'être bilingue! L'affirmation du Livre blanc — «il ne sera donc plus question d'un Québec bilingue» — recevait un éclatant désaveu!

Un élément moteur: L'administration publique

Le chapitre IV de la Loi confie à l'État québécois «une tâche de premier plan dans la mise en œuvre de la Charte de la langue française». L'administration publique, c'est-à-dire le gouvernement et ses divers ministères, les organismes d'État, les municipalités et les commissions scolaires sont appelés à donner l'exemple et sont considérés comme les «éléments moteurs» de la francisation. On compte que leurs efforts «pour donner au français son nouveau statut dans l'ensemble de l'économie et de la société auront un très grand effet d'entraînement». Tous les organismes de l'administration publique ne seront plus désignés désormais que par leur dénomination française. Ils devront n'utiliser que le français dans leurs communications écrites avec les autres gouvernements et les personnes morales établies au

Québec. Leurs textes et leur documentation, au lieu d'être bilingues, seront rédigés et publiés dans la langue officielle, ce qui n'empêchera pas les particuliers de pouvoir s'adresser à l'État et en recevoir une réponse dans une autre langue. De plus, pour être nommé, muté ou promu à une fonction dans l'administration publique, il faudra avoir de la langue officielle une connaissance appropriée à cette fonction.

Les organismes parapublics, comme les entreprises d'utilité publique (électricité, téléphone, transport) et les ordres professionnels, doivent faire en sorte que leurs services soient disponibles dans la langue officielle. Ils doivent rédiger en français les imprimés destinés au public, y compris les titres de transport en commun. Les ordres professionnels ne peuvent délivrer de permis de pratique professionnelle qu'à des personnes qui ont du français une connaissance appropriée à l'exercice de leur profession. L'Office de la langue française est autorisé à pourvoir, s'il y a lieu, à la tenue d'examens ou de tests pour évaluer la connaissance du français chez ces professionnels.

La Loi 22 se contentait de dire que «le français est la langue des relations du travail» et elle renvoyait au Code du travail qui, à ce sujet, demeure évasif à souhait. Il en est autrement dans la Loi 101. L'employeur doit rédiger en français les communications qu'il adresse à son personnel. Les conventions collectives doivent être rédigées dans la langue officielle. Sauf exception, il est désormais interdit à un employeur d'exiger, pour l'accès à un emploi ou à un poste, la connaissance d'une autre langue que le français. Il est également interdit à un employeur de congédier, de mettre à pied, de rétrograder ou de déplacer un membre de son personnel pour la seule raison qu'il ne parle pas ou ne maîtrise pas suffisamment une autre langue que le français.

Un milieu propice: les relations de travail

Pour promouvoir le statut et le développement d'une langue, la place qu'elle occupe dans le «paysage visible» est extrêmement importante. C'est pourquoi la Charte de la langue française se préoccupe de la francisation du «visage» du Québec. Elle met l'accent sur cet apprentissage du français «par les yeux» qui accompagne les mille transactions quotidiennes du commerce et des affaires. Les inscriptions sur les produits ainsi que les modes d'emploi devront être rédigés en français, comme aussi les menus et les cartes des vins, mais le texte français pourra être assorti d'une ou plusieurs traductions. Les catalogues, les brochures et les dépliants devront aussi être rédigés en français, de même que les bons de commande, les factures et les reçus. Comme le souligne le Livre blanc, «il reste beaucoup à faire pour donner un visage français à Montréal» et «il est souvent gênant de soutenir», surtout devant les yeux des visiteurs, «qu'on est dans la plus grande ville française après Paris»... En dehors des exceptions prévues aux règlements, l'affichage public et la publicité commerciale se feront donc désormais uniquement dans la langue officielle, c'est-à-dire en français.

Le chapitre VIII de la Loi est consacré à la langue de l'enseignement. Il n'est pas ici question de la qualité de la langue, ni des programmes d'enseignement du français dans notre système d'éducation: on peut le regretter, mais la Charte de la langue française ne touche pas à ces questions. Elle aborde uniquement, pour la réglementer, la question de l'accès à l'école anglaise au Québec, afin surtout de contrecarrer la tendance anormale des immigrants et des allophones à rejoindre les rangs de la minorité anglophone. Question épineuse, on s'en souvient, et que ni la Loi 63 ni la Loi 22 n'avaient réussi à régler. Le grand mérite de la Loi 101, par rapport à la Loi 22, est d'avoir trouvé un critère précis et applicable pour décider de l'admissibilité d'un enfant à l'école anglaise. Le critère auquel on peut penser spontanément, celui de la «langue maternelle», demeure tout relatif et difficilement vérifiable: il risque d'engendrer de fausses déclarations et des injustices. Le critère mis de l'avant par la Loi 22, celui de la «connaissance suffisante de la langue d'enseignement», se heurtait aux difficultés d'évaluation objective et ouvrait la voie à l'arbitraire. La Charte de la langue française a l'avantage d'avoir recours à un critère vérifiable, lui-même relié au système scolaire: celui de la langue d'instruction des parents eux-mêmes.

Ne pourront donc recevoir l'enseignement en anglais que les enfants dont le père ou la mère a reçu en anglais la majeure partie de l'enseignement primaire reçu *au Québec.* C'est ce qu'on a appelé la «clause Québec», par opposition à la «clause Canada», ayant pour critère l'enseignement primaire reçu en anglais par l'un ou l'autre des deux parents n'importe où au Canada. La Charte prévoit des mesures de transition pour éviter de diviser les enfants d'une même famille. Mais, quant aux parents «qui viendront s'établir au Québec après l'adoption de la Charte, d'où qu'ils arrivent et quelle que soit leur langue maternelle, ils devront envoyer leurs enfants à l'école française».

Une fois réglé le problème épineux de la langue d'enseignement, nous en arrivons enfin à ce qu'il faut considérer comme le «cœur» ou «l'axe central» de la Charte de la langue française: la langue de travail et la francisation des entreprises. Car, si l'éducation demeure la base du développement d'une langue et de la préservation d'un peuple, il faut bien reconnaître qu'une société n'arrive à prendre toute sa place et toute son importance, à ses propres yeux et aux yeux des autres, que si elle réussit à démontrer l'utilité quotidienne de sa langue et à lui attribuer un rôle

Le coeur de la Charte: la francisation des entreprises et des milieux de travail

37

déterminant dans l'évolution et le développement socio-économique de la nation. Les chapitres de la Charte qui ont pour but de mettre en œuvre cet objectif sont si importants que nous les abordons séparément.

Un instrument de promotion économique et social

«L'usage du français, précise le Livre blanc, accompagnera, symbolisera, favorisera une reconquête par la majorité francophone du Québec de l'emprise qui lui revient sur les leviers de l'économie».

En plus de franciser les milieux de travail, l'objectif de la Charte de la langue française est aussi de franciser, voire de «francophoniser» les entreprises, en assurant aux francophones une place importante dans le processus moteur et décisionnel qui préside au développement de l'économie.

Les programmes de francisation
La Charte consacre donc un long chapitre à la francisation des entreprises. Déjà la Loi 22 avait invité et incité les entreprises à se donner des programmes de francisation, mais elle ne prévoyait aucun délai et aucune sanction. Avec la Loi 101, la francisation des entreprises n'est plus facultative: toutes les entreprises ayant 50 employés ou plus sont obligées d'appliquer un programme de francisation. La Loi précise les objectifs de la francisation, fixe des modalités et des délais de réalisation et prévoit des sanctions contre les contrevenants.

Les entreprises employant 100 personnes ou plus seront tenues de créer un comité de francisation comprenant des travailleurs, afin de veiller aux progrès de la francisation au sein de l'entreprise. À l'aide de formulaires et de questionnaires fournis par

38

l'Office de la langue française, le comité de francisation devra procéder à l'analyse de la situation du français dans l'entreprise; il aura aussi le mandat d'élaborer le programme de francisation et d'en surveiller l'application.

Toutes les entreprises devront discuter de leur programme de francisation avec l'Office de la langue française et le faire approuver par celui-ci. Elles seront obligées, à la date prévue par un règlement, de détenir un certificat de francisation attestant qu'elles appliquent un programme de francisation approuvé ou bien que la langue française possède déjà, chez elles, le statut que les programmes de francisation ont pour objet d'assurer. L'Office accordera le certificat de francisation à une entreprise s'il est d'avis que celle-ci remplit les conditions prévues.

Le but du programme de francisation est de généraliser l'utilisation du français à tous les niveaux de l'entreprise. Son contenu repose essentiellement sur l'article 141, qui est le plus important de ce chapitre. Cet article fixe à l'entreprise quatre objectifs: diriger en français, travailler en français, fonctionner en français, se présenter en français.

Objectifs et contenu des programmes de francisation

On y exige d'abord la connaissance du français chez les dirigeants et les autres membres du personnel, ce qui a donné lieu, au cours des années qui ont suivi, à la mise sur pied, dans plusieurs entreprises, de cours de français assidûment fréquentés par les cadres. Mais, plus important et plus significatif encore pour les francophones, on y réclame aussi l'augmentation, à tous les niveaux de l'entreprise, y compris au sein du conseil d'administration, du nombre de personnes ayant une bonne connaissance de la langue française, ce qui a largement favorisé, depuis dix ans, l'accès des francophones aux plus hauts postes et la tenue des réunions en français aux plus hauts niveaux.

Le programme de francisation doit aussi prendre les mesures nécessaires pour que les employés de l'entreprise travaillent en français et pour que les communications internes entre la direction et le personnel, comme entre les travailleurs eux-mêmes, se fassent en français. L'entreprise doit aussi avoir une politique d'embauche et de promotion qui soit en accord avec les objectifs de francisation.

Mais comment travailler en français, si l'entreprise, à toutes fins pratiques, ne fonctionne pas en français, si par exemple les catalogues et les manuels dont se servent les travailleurs sont en anglais? C'est là une des exigences capitales du programme de francisation: les catalogues de pièces, les manuels d'utilisation, les instructions de fabrication, les inscriptions sur les machines et sur l'équipement doivent être en français et l'entreprise doit veiller à l'utilisation des termes français dans toutes ses opérations.

Enfin, on demande aussi à l'entreprise de se présenter en français, en utilisant le français dans sa publicité et dans ses communications avec la clientèle, les fournisseurs et le public.

Promotion des francophones   Certes, il n'est dit nulle part, dans la Charte de la langue française, qu'un des objectifs de la Loi était d'assurer la promotion économique et sociale des Québécois francophones. Mais nul ne songera à nier, dix ans après, qu'elle ait eu cet effet et que cet effet n'ait été recherché[8]. Elle n'en fut pas la seule cause, bien sûr. Entre 1961 et 1977, sous la poussée de la Révolution tranquille, les francophones avaient entrepris de se scolariser davantage et nos universités avaient déjà commencé à déverser sur le marché du travail, en nombre accru, des diplômés fort compétents en commerce et en administration des affaires. Parmi les 15 % de travailleurs se situant au haut de l'échelle des revenus, la proportion des francophones était déjà passée de 44 % à 70 %[9]. Mais, il est clair que la Loi 101, en donnant à la langue française un statut indiscutable au plus haut niveau de l'entreprise, est venue accroître et raffermir la présence et le rôle des francophones dans l'économie du Québec, stimuler l'ambition et la confiance des jeunes diplômés, rehausser le prestige social de la langue française et démentir la croyance traditionnelle qui voulait que l'anglais soit la seule langue des affaires.

Les rouages de la Loi

La Charte de la langue française ne fait pas que promulguer les mesures à appliquer; elle crée en même temps les mécanismes adéquats pour l'application de la loi et la surveillance de la situation linguistique. Cinq organismes ont ainsi été créés par la Charte. Un seul n'est pas impliqué directement dans l'application de la loi: il s'agit du **Conseil de la langue française (CLF)**, institué pour conseiller le ministre responsable de la Charte «sur la politique québécoise de la langue française et sur toute question relative à l'interprétation et à l'application de la présente loi». Le Conseil est aussi chargé de «surveiller l'évolution de la situation linguistique au Québec quant au statut de la langue et à sa qualité». *Le Conseil de la langue française*

Les quatre autres organismes agissent en quelque sorte sur le terrain. L'**Office de la langue française (OLF)** est le grand responsable de l'application de la loi. Il doit «veiller à ce que le français devienne, le plus tôt possible, la langue des communications, du travail, du commerce et des affaires dans l'Administration et les entreprises». L'Office est aussi chargé de toute la recherche terminologique; il doit normaliser et diffuser les termes et expressions qu'il approuve; il peut instituer des commissions de terminologie et les déléguer auprès des différents ministères. C'est l'Office qui approuve les programmes de *L'Office de la langue française* francisation des entreprises et qui décerne à celles-ci leur certificat de francisation.

Un autre organisme, la **Commission d'appel**, peut entendre les entreprises si celles-ci se voient refuser, suspendre ou annuler leur certificat de francisation par l'Office de la langue française.

La Commission de protection de la langue française

La **Commission de surveillance**, devenue en 1983 la Commission de protection de la langue française (**CPLF**), pour sa part, est composée de commissaires-enquêteurs et d'inspecteurs. Elle est instituée «pour traiter des questions se rapportant au défaut de respect de la présente loi». Elle reçoit les plaintes, établit les faits, détermine s'il y a eu contravention à la loi, met en demeure le contrevenant présumé de se conformer dans un délai donné et, une fois ce délai passé, si la contravention subsiste, transmet le dossier au Procureur général.

Enfin, la **Commission de toponymie** a compétence «pour établir les critères de choix et les règles d'écriture de tous les noms de lieux et pour attribuer en dernier ressort des noms aux lieux qui n'en ont pas encore aussi bien que pour approuver tout changement de nom de lieu».

Loi 22 et Loi 101

Pour ce qui a trait aux mécanismes d'application de la Loi, la Charte de la langue française apporte donc plusieurs innovations par rapport à la Loi 22, en créant notamment la Commission de surveillance et le Conseil de la langue française. Sous l'empire de la Loi 22, c'est l'Office (appelé alors la Régie) qui s'occupait également des enquêtes. Or, l'expérience avait montré qu'il n'était pas souhaitable que ce soit le même organisme qui assure la promotion du français et qui poursuive en même temps les contrevenants. Il était important que l'Office, qui «négocie» les certificats de francisation avec les entreprises, puisse être perçu par celles-ci comme un organisme moteur jouant un rôle d'aide et de soutien et non comme un organisme de poursuite quasi judiciaire. La Loi 101 distingue et clarifie ces rôles en créant un organisme autonome, séparé de l'Office, appelé la Commission de surveillance.

Par ailleurs, pour bien marquer l'importance qu'il accordait désormais au dossier linguistique, le gouvernement décidait de le situer au niveau de la conscience collective et de lui donner un lieu de réflexion, d'analyse et de consultation publique, en créant un Conseil de la langue française, calqué jusqu'à un certain point sur le modèle du Conseil supérieur de l'éducation. Le Conseil se voyait attribuer un rôle bien différent de celui de l'Office. Organisme consultatif, il est chargé de suivre de près l'évolution de la situation linguistique, de consulter le public, de donner des avis au ministre, d'informer la population sur les questions qui touchent la langue française et de saisir le ministre de toute question relative à la langue qui, à son avis, appelle l'attention ou l'action du gouvernement.

Le CLF et l'OLF

Le mandat de l'Office touche essentiellement la francisation de l'Administration et des entreprises ainsi que le développement terminologique. Mais le Conseil a un mandat plus large: il peut même étendre ses consultations et ses recherches à des secteurs qui ne sont pas touchés par la Loi, comme l'éducation, les communications ou l'immigration.

Si l'Office est le moteur qui fait avancer la francisation, le Conseil en est peut-être la chambre de décompression, l'avertisseur sonore, mais aussi le système d'allumage et de relance. L'Office régit et réglemente, négocie et contrôle; le Conseil consulte et réfléchit, analyse et recommande.

Le Conseil comprend d'abord un collège de douze conseillers, tous nommés par le gouvernement après consultation des communautés culturelles et

43

des milieux universitaires, patronaux, syndicaux et socioculturels; puis une permanence surtout composée de chercheurs qui analysent l'évolution de la situation de la langue.

Notes 1. Camille Laurin, «Charte de la langue française», dans *La revue canadienne de sociologie et d'anthropologie*, 15, 2, (1978), p. 121.

2. René Lévesque, *Attendez que je me rappelle*, Montréal, Québec/ Amérique, 1986, p. 388.

3. *Ibid.*, p. 357-358.

4. Dans *Montréal-Matin*, 18 janvier 1977.

5. *La politique québécoise de la langue française*, Gouvernement du Québec, mars 1977, p. 34.

6. René Lévesque, *op. cit.*, p. 389.

7. *La politique québécoise de la langue française*, *op. cit.*, p. 35.

8. Voir: François Vaillancourt, *Économie et langue*, Québec, Conseil de la langue française, 1985.

9. Jac-André Boulet, *La langue et le revenu du travail à Montréal*, Conseil économique du Canada, Ottawa, 1980, p. 30.

3

Les trois temps de la Loi 101

LA GRANDE FIDÉLITÉ (1977-1982)

Sous le gouvernement du Parti québécois, Camille Laurin fut pendant cinq ans, soit de 1977 à 1982, le ministre responsable de l'application de la Charte de la langue française. En même temps, pendant cette période, il exerça d'abord les fonctions de ministre d'État au Développement culturel et scientifique et, plus tard, celles de ministre de l'Éducation.

Comme il avait été le père de la Loi 101, il fut aussi, pendant ces premières années, le «guide» de la révolution linguistique du Québec.

Marquée par l'enthousiasme des débuts, cette période ne fut pas exempte de problèmes, bien au contraire! — car à certaines difficultés internes vinrent s'ajouter des événements politiques adverses d'une extrême importance — mais le terrain était plus que jamais propice à l'intervention linguistique, qui se déployait avec une assurance nouvelle venant du consentement général et du peu de résistances.

Une stratégie d'offensive

Ce qui caractérise en effet cette période, c'est l'initiative résolument prise par les organismes gouvernementaux d'investir les institutions et les secteurs de l'activité publique touchés par la Loi afin de réclamer... et d'obtenir pour la langue française la place et le statut prévus par la Loi.

C'est évidemment l'Office de la langue française, l'ancienne Régie de la Loi 22, qui se mit en branle le premier, puisqu'il était important de marquer le coup sans tarder et d'asseoir, dès le point de départ, la francisation des entreprises sur des bases solides et sur une planification serrée. Il fallait trouver la manière la plus efficace, en même temps que la plus positive, de traiter avec les entreprises pour que leur francisation soit enclenchée ou effective avant l'échéance prévue par la Loi, c'est-à-dire avant le 31 décembre 1983.

Par ailleurs, la Loi 101 donnait à la nouvelle Commission de surveillance de la langue française l'autonomie et l'autorité nécessaires pour régler rapidement, et à l'amiable, la plupart des infractions, tout en débusquant au besoin les résistances marquées à la Loi. S'il n'a jamais été très agréable, le travail de la Commission de surveillance a été fort utile et nécessaire. Une fois réglées les difficultés initiales internes relatives aux fonctions respectives du président et des commissaires-enquêteurs, le rôle que cet organisme a joué pour aider notamment les consommateurs de biens et de services à être servis en français a rarement été apprécié à sa juste valeur. Il mérite pourtant d'être souligné.

Du français   Le climat de cette époque était propice à la
d'abord   diffusion et à l'implantation du français. Il fallait
et partout   profiter au maximum de cette conjoncture favorable, sans brusquer les personnes. À partir du moment où

46

le gouvernement était justifié de tracer la voie et de fixer les règles du jeu, il fallait, au point de départ, jouer serré, faire respecter les échéances et imposer des sanctions à ceux qui ne voulaient pas se conformer. Et le plus tôt était le mieux. Dans un dossier comme celui-là, les situations claires et les actions rapides sont souvent fructueuses. On sait que les grandes entreprises, qui ont l'habitude de s'adapter un peu partout à travers le monde, sont celles qui acceptent le plus facilement les lois et les façons de faire d'un pays, dès lors qu'elles sont claires et qu'on n'a pas le choix.

Et c'est exactement ce qui est arrivé pour la Loi 101: à part quelques exceptions, qui décidèrent de transférer leur siège social en dehors du Québec, les grandes compagnies ont pris les moyens qu'il fallait pour honorer leurs obligations envers le Québec et continuer à fonctionner normalement. René Lévesque mentionne, dans ses mémoires, l'exemple de la Prudentielle (américaine) qui, dès l'automne 1977, reconnaissait que «le projet de loi sur la langue ne présentait aucun problème sur le plan des affaires» et que «les mesures prises par le nouveau gouvernement» paraissaient «tout à fait raisonnables[1]...»

La qualité de la langue

Dans les premières années de la Charte, on se sentait donc pressé parfois de demander aux entreprises et aux commerces de fournir «du français d'abord et partout». Certains sont même allés jusqu'à croire qu'il fallait exiger du français avant tout, quitte à exiger un français de qualité après coup. Ce n'était pas l'avis de Camille Laurin. «Le statut de la langue, disait-il, est lié à sa qualité et l'amélioration de la qualité ne fera que renforcer le statut de la langue». Pour lui, la Loi 101 avait aussi comme objectif «de permettre à un nombre de plus en plus élevé de Québécois de s'exprimer dans une langue de qualité. En somme, c'est une sorte de démocratisation de la fierté linguistique [...]. Ce droit [de parler sa langue] est dépourvu de toute signification s'il ne connote pas une maîtrise de la langue. Et ce droit ne peut pas être réservé à la seule élite[2].»

Camille Laurin s'exprimait ainsi à l'occasion d'un colloque sur la qualité de la langue française. C'était deux ans après l'entrée en vigueur de la Loi 101, et il en profitait pour faire le point. Il rappelait «cette campagne de l'Année du français» qui fut un «succès remarquable», une «mobilisation incroyable», témoignant de l'«attachement que nous portons comme peuple à cette langue qui se situe au cœur de notre identité».

Il soulignait ensuite le «succès généralisé» de la Loi 101 «à l'échelle du Québec» et «le caractère populaire de cette loi [...], c'est-à-dire l'audience éminemment favorable qu'elle a reçue et continue de recevoir dans tout le Québec». «La Loi 101 a été respectée, disait-il, non seulement pour la forme mais d'une façon active et positive par les entreprises et le milieu d'affaires en particulier[3].»

Rôle du CLF   Il consacrait enfin la dernière partie de son discours à mettre en lumière le rôle important que le Conseil de la langue française, créé par la Loi 101, était appelé à jouer.

Camille Laurin attachait beaucoup d'importance aux études et aux recherches du Conseil. Il voulait que le Conseil de la langue française joue le rôle «d'une commission permanente de surveillance, d'études et de recherches sur le statut et la qualité de la langue française au Québec[4]». Il traçait, en cela, la voie à ses successeurs qui, malheureusement, n'ont pas toujours paru aussi convaincus que lui que la recherche, dans ce domaine, n'est pas une activité superfétatoire...

Il croyait que les recherches sur la situation de la langue étaient nécessaires non seulement en vue d'éclairer le gouvernement mais aussi pour tenter d'introduire une dimension plus objective et plus factuelle dans le débat linguistique trop souvent émotif.

«Cette douceur d'acier»

Cette période fut en quelque sorte celle de la ligne droite, de la grande fidélité aux principes de la Charte et à son application. En dépit des résistances, des premiers assauts d'Alliance Québec, des premiers jugements adverses des tribunaux et des revers référendaire et constitutionnel, la calme imperturbabilité de Camille Laurin invitait chacun à ne pas dévier des objectifs initiaux et à pousser le plus loin possible le processus de francisation et la préoccupation pour la langue.

«Demi-dieu pour les uns...»

René Lévesque parlait de «cette douceur d'acier» qui était celle de Camille Laurin, qu'il qualifiait de «demi-dieu pour les uns, pur démon pour les autres⁵.»

C'était un homme attentif, simple et généralement accessible, même si certains le trouvaient froid et intimidant. C'était un bourreau de travail doté d'une grande résistance. Les dossiers pour lui n'étaient pas des «affaires à expédier». Il en prenait connaissance personnellement, et il ne tardait généralement pas à donner une réponse ou à faire connaître son point de vue.

Camille Laurin s'intéressait surtout aux idées et aux choses essentielles. Pressentir les besoins à long terme d'une société, appréhender l'avenir souhaitable et traduire en plan d'action les idées-forces qui portent en elles le progrès d'une collectivité, c'est une entreprise difficile pour la plupart des personnages politiques, qui se laissent généralement envahir par les problèmes immédiats. Camille Laurin faisait de cette tâche son pain quotidien: c'était un véritable homme d'État.

Certains ont pu croire que, sous l'autorité de Camille Laurin, un président d'organisme pouvait sentir sa liberté brimée. Et un éditorialiste du *Devoir* commettait une erreur analogue en prétendant que le Conseil de la langue française se rangeait toujours à l'avis du ministre. C'était complètement déformer la réalité. En aucun moment, jamais, Camille Laurin n'est intervenu pour dire au Conseil ou à son président quelle position prendre. Les avis du Conseil sont toujours nés, en toute liberté et autonomie, des discussions mêmes de ses membres, sans aucune interférence du ministre. Qui plus est, il est arrivé souvent que le Conseil donne un avis au ministre sans que celui-ci le lui demande. Camille Laurin n'a jamais voulu que le Conseil soit la «chose» du gouvernement: il respectait son autonomie et sa liberté de parole.

«... pur démon pour les autres»

Il est facile de retracer, dans *The Gazette* ou ailleurs, les caricatures et les vocables dont on a affublé Camille Laurin, en l'accusant de vouloir faire disparaître l'anglais du Québec. L'intention qu'on lui prêtait et la renommée qu'on lui a faite sont également fausses et injustes. Mais il fallait bien un bouc émissaire quelque part et le père de la Loi 101 avait tout ce qu'il faut pour recevoir les coups, puisque les attaques et les assauts de l'adversaire venaient se briser sur lui comme sur un mur inébranlable, sans aucun choc en retour.

Parlant des Anglo-Canadiens, René Lévesque écrit:

> Après notre élection, qui pour eux était déjà le monde à l'envers, la loi 101 vint les rendre enragés. Alimentée par les histériques du Montréal anglais, la presse de Toronto avait perdu les pédales. D'une phrase à l'autre, on nous y voyait métamorphosés de «nabots risibles» en inquiétants «fanatiques révolu-

50

tionnaires» et puis, à l'usage des États-Unis toujours hantés par l'ours communiste, en «Castros du nord».

Rien de plus pernicieux, justement, que cette facilité avec laquelle la communauté de langue permet à des officines torontoises de déformation des faits, remplissant de surcroît des commandes pour New York ou Chicago, de nous dénigrer à volonté et à l'échelle du continent[6].»

Dans une série de reportages saisissants, le journaliste Charles Faribeault avait d'ailleurs montré, à l'époque, comment les principaux journaux des grandes villes américaines, téléguidés par une certaine presse anglo-canadienne, avaient contribué à déformer la vraie nature des événements linguistiques qui se déroulaient au Québec.

Or, le dessein réel et les véritables attitudes de Camille Laurin étaient tout autres. Il écrivait en 1980:

Le but premier de l'adoption d'une Charte de la langue française consistait à donner aux Québécois les moyens concrets d'exprimer leur identité propre et de la faire respecter partout et par tous, sans commettre d'injustice. Il s'agissait donc d'assurer, mais dans un climat de respect des autres, le rayonnement de la langue française [...]. La Charte n'était pas adoptée pour étouffer l'expression d'une culture anglaise au Québec [...][7].

La fin de l'état de grâce

Le résultat du référendum de mai 1980 avait ravivé chez plusieurs anglophones l'espoir d'un retour au bilinguisme et donnait beaucoup d'assurance aux libéraux à l'approche du scrutin du 13 avril 1981. Dans les mois qui précédèrent les élections, il n'était pas rare de sentir, au sein des entreprises et dans l'affichage public, que la foi en la francisation traversait une période de doute.

Le référendum de mai 1980

51

La création
d'Alliance
Québec

Au grand dam des anglophones et des fédéralistes, le Parti québécois fut reporté au pouvoir. À partir de ce moment, on assiste à «un nouveau durcissement» parmi les anglophones, qui, «après l'indifférence ou la résignation, ne veulent plus laisser se développer les événements sans eux[8]». Selon certains analystes anglophones, un «nouveau militantisme» a alors surgi au sein du Québec anglophone, utilisant l'action politique et la pression sur les partis en place.

La réapparition du mouvement pour le libre choix, la création du groupe «Quebec for All» et la transformation du Conseil des minorités en un groupe de pression, Alliance Québec, qui s'adresse davantage aux masses, en témoignent. Ce nouveau militantisme est né d'une certaine frustration devant l'impossibilité d'obtenir la moindre concession de l'actuel gouvernement, de la déception causée par la défaite inattendue du parti libéral en 1981, de l'application des règlements concernant l'affichage unilingue et des rumeurs d'une restructuration du système scolaire qui, si la chose se concrétisait, ne laisserait en place que très peu de commissions scolaires anglophones au Québec[9].

La double crise

D'avril 1981 à février 1982, le gouvernement eut à faire face à deux crises en même temps: la crise constitutionnelle et la «débâcle économique». Durant cette pénible période, on entendait souvent des phrases comme celles-ci: ce n'est pas le temps de parler de langue quand la population a faim. La morosité politique et le déclin de l'économie, accompagnés de mises à pied et de chômage, avaient enlevé un peu le goût de la francisation. L'esprit était ailleurs. Au sein des entreprises, des critiques commençaient à se faire jour sur les interventions de l'Office, sur son «envahissement» et sur sa gestion «bureaucratique» de la francisation[10]. Les négociateurs de l'OLF se sentaient démotivés. On se demandait un peu où s'en allait la francisation des entreprises. C'est alors que le Conseil de la langue française mit sur pied un comité pour faire le point sur cette question et adresser un rapport au ministre.

Pendant ce temps, la Charte de la langue française atteignait ses cinq ans. Analystes et journalistes y allèrent de leur bilan. Le Conseil de la langue française, l'Association québécoise des professeurs de français et la revue *Québec français* joignirent leurs efforts pour organiser un vaste Congrès de la langue française (en novembre 1982) où près de 250 conférenciers et spécialistes firent le point sur la situation de la langue française au Québec. *Les cinq ans de la Charte*

Au mois d'août précédent, Jean-Pierre Proulx, dans *Le Devoir*, avait souligné les progrès accomplis et surtout ce qui restait à faire. «Les Québécois, écrivait-il, n'ont pas non plus à douter de la pertinence et de l'opportunité de la Charte. Elle demeure et demeurera encore longtemps nécessaire, compte tenu de la situation fragile du Québec au Canada et en Amérique du Nord[11].»

Et Camille Laurin, à la même date, s'exprimait ainsi:

> Aussi bien ne faut-il pas considérer [...] que nous ayons pu encore créer de l'irréversible. Rien n'est encore définitivement acquis et ce que nous avons amorcé comme redressement national [...] sur le plan de la langue, voici à peine cinq ans, est encore éminemment fragile [...]. Je tiens à réaffirmer ici que toutes les mesures de cette loi étaient et restent de l'ordre de la nécessité[12].

Quinze jours après ces propos de Camille Laurin, le jugement Deschênes venait rendre inopérant le chapitre VIII de la Charte de la langue française touchant à la langue d'enseignement, pour autant qu'il est incompatible avec l'article 23 de la nouvelle Loi constitutionnelle canadienne... *Un jugement annonciateur de mauvais jours...*

Alliance Québec
veut négocier

Début 1982, Alliance Québec avait pris la relève du Conseil des minorités, se donnait l'ambition de représenter l'ensemble des parlants anglais et était décidée à adopter un ton et des stratégies militantistes et politiques pour défendre et assurer les intérêts de la communauté anglophone. Le congrès d'orientation de mai 1982 avait pris des allures d'«États généraux du Québec anglais». Au lendemain de ce congrès, le président d'Alliance Québec, Eric Maldoff adressait au premier ministre Lévesque une lettre en six points qui marquait les revendications essentielles de ce groupe de pression.

Les
journalistes
réclament des
adoucissements
à la Loi 101

Depuis quelque temps déjà, les journalistes francophones étaient plus attentifs et plus sensibles aux récriminations de la presse et de la communauté anglophones. Dans son bilan des cinq ans de la Charte, Jean-Pierre Proulx «constatait» que, parmi les «moyens vigoureux» dont le Québec s'était doté par sa politique linguistique, «certains d'entre eux ont contribué à rendre le Québec moins attrayant» et que «le temps devrait être arrivé pour ce gouvernement de faire les ajustements nécessaires». Il évoquait un compromis possible pour permettre un affichage bilingue restreint et déclarait que le gouvernement, au nom même de la paix sociale, «devrait avoir l'honnêteté de reconnaître clairement, dans la loi, l'existence de la communauté anglophone», ce qui, selon lui, constituerait «un bon point de départ pour des négociations fructueuses[13]».

Après cinq ans d'une législation linguistique qui, pour René Lévesque, s'apparentait peut-être encore un peu à un «remède de cheval», l'idée d'un nouveau «contrat social» basé sur la négociation avec la communauté anglophone ne paraissait pas saugrenue. D'ailleurs, certains hommes politiques, dont le premier ministre, avaient tendance parfois à considérer la langue comme un «dossier» qui, après cinq ans d'efforts et d'investissements, devait être à peu près réglé. Dans cette perspective, l'idée de jeter du lest, de repartir sur de nouvelles bases, leur paraissait envisageable.

Un ministre pour négocier

Mais, pour conduire ces «négociations», il fallait un ministre acceptable pour la communauté anglophone, capable de changer d'idée, de rompre un peu avec le passé et pour qui la Loi 101 n'était pas une «vache sacrée». C'est ainsi qu'on apprit qu'en un tournemain, au début de l'automne 1982, René Lévesque avait substitué Gérald Godin à Camille Laurin, comme ministre responsable de l'application de la Charte de la langue française.

Gérald Godin était en même temps ministre des Communautés culturelles et de l'Immigration. Il fut plus tard ministre des Affaires culturelles. Il était sensible aux problèmes des minorités, qu'il avait cherché à connaître personnellement. On le sentait tourné vers les personnes bien plus que vers les dossiers. Et la diversité humaine du Québec l'attirait plus que son unité. Il était donc naturellement prédisposé à prêter l'oreille aux revendications des anglophones, qui trouvèrent en lui un ministre «parlable», un «peace-and-love-guy», comme Gérald Godin se décrivait lui-même à un journaliste, ou un «bon diable» selon l'expression de The Gazette.

Gérald Godin était un politicien et un homme de tactiques. Dans l'analyse d'une action gouvernementale, la discussion sur le «comment» le passionnait plus que l'examen du contenu. Il lançait des ballons d'essai, pour forcer l'adversaire à ouvrir son jeu. Il avançait quelque chose un jour, quitte à se

Un homme de tactiques

55

contredire le lendemain, construisant son idée par approximations successives.

À l'occasion de la Commission parlementaire sur la Loi 101, il multiplia les déclarations publiques pour tenter de minimiser ou de maximiser, selon les auditoires, l'impact des modifications législatives à venir. Il confiait à Stanley Hart, de CJAD: «We have to lower the (public's) expectations because when we make the changes they'll look bigger. A small change for the francophones could be a big change for the anglophones[14].»

Gérald Godin n'était pas l'homme des vérités absolues ou des décisions prises une fois pour toutes. Il aimait répéter que pour lui il n'y avait pas de «vaches sacrées». Il incarnait en quelque sorte l'art du compromis et son action se situait surtout dans l'immédiat. Ce sont là des qualités fort utiles en politique.

Mais on peut se demander si l'implantation d'une politique linguistique a quelque chance de réussir si elle ne se situe pas avant tout dans la continuité et le long terme. Un aménagement linguistique, par définition, consiste à changer le rapport de force entre deux ou plusieurs groupes en présence. Or, ce changement prend toujours du temps et s'accompagne de résistances souvent importantes. Il est illusoire de penser qu'en se précipitant pour ajuster périodiquement ce rapport de force, on finira par trouver un équilibre susceptible de satisfaire tout le monde. On risque au contraire d'amorcer un mouvement inverse qui cherchera de plus en plus à tirer dans l'autre sens. Et il faudra recommencer un jour l'aménagement linguistique qu'on avait voulu instaurer.

Après avoir essayé de «négocier» avec Alliance Québec en 1983, Gérald Godin avouera, plusieurs mois après, lors d'un déjeuner de l'Association des conseils en francisation du Québec, que finalement il «s'était fait avoir». C'est en effet dans la logique des choses qu'Alliance Québec, après avoir revendiqué deux ou trois points, en demande encore quatre ou cinq. L'instauration de l'unilinguisme français au Québec n'est pas précisément l'affaire d'Alliance Québec. C'est aux francophones et au gouvernement de savoir exactement ce qu'ils veulent. Et de s'y tenir sans broncher. Car on n'arrive jamais à instaurer une politique linguistique si on passe son temps à tergiverser ou à flotter.

La tentation révisionniste

Après sa nomination comme ministre, Gérald Godin choisit d'abord de prendre ses distances par rapport aux organismes gouvernementaux issus de la Loi 101. Sans doute pour se faire une idée par lui-même, il entreprit une tournée des entreprises québécoises pour constater «de visu» l'état d'avancement de la francisation. Par ailleurs, il ne prisait pas outre mesure les façons de faire de la Commission de surveillance. Et il ne sollicita pratiquement pas, à cette époque, les avis du Conseil de la langue française. C'était un peu comme s'il apportait avec lui, dans l'exercice de ses fonctions, une bonne partie des perceptions négatives qui s'étaient développées, surtout parmi les anglophones, au sujet des organismes de la langue. Comme nouveau ministre, il voulait sans doute garder ses coudées franches et se démarquer suffisamment pour sauvegarder sa crédibilité face à Alliance Québec avec qui il devait engager le dialogue.

C'était aussi une façon de se démarquer de l'ancien ministre Camille Laurin, dont ces organismes étaient les créations. On avait d'ailleurs laissé entendre que Gérald Godin, à la faveur de la crise économique, arrivait avec le dessein de réduire le nombre de ces organismes ou d'en fusionner deux ou trois, sans vraiment savoir ce qu'ils faisaient exactement. C'est sans doute dans cet esprit que, dès janvier 1983, le ministre adressait une lettre au président du Conseil du trésor, Yves Bérubé, pour lui demander de procéder à une étude du fonctionnement des trois organismes créés pour appliquer la Charte de la langue française, en analysant l'adéquation de leur action aux buts que la Loi leur a fixés, «dans une perspective de rationalisation de leurs opérations». M. Godin souhaitait recevoir les conclusions de cette étude «avant le début du mois de mai».

Le rapport du Conseil du trésor ne fut pas envoyé au ministre, mais aux présidents des organismes. Le CLF le reçut le 9 septembre, un mois avant la Commission parlementaire sur la langue. Ce rapport contenait des constats et des conclusions avec lesquels on pouvait facilement être en désaccord.

Des commentaires écrits furent adressés au Conseil du trésor et suivis d'une rencontre. Restait à voir si le ministre recevrait le rapport et quelles suites il donnerait à ce projet, soit en modifiant la Loi, soit autrement. Mais, il n'y eut jamais de suites.

Une mutation pour l'Office   Au début de l'année 1983, l'Office de la langue française fit le bilan de ses opérations et établit ses priorités à moyen terme.

Dans une brochure intitulée *Les orientations de l'Office de la langue française pour les cinq prochaines années*, l'OLF expose ses choix de développement pour 1983-1988. Il faut replacer ce document dans la perspective de l'échéance du 31 décembre 1983 prévue par la Loi. À cette date, les entreprises visées par la Loi doivent posséder un certificat de francisation délivré par l'Office. Cela ne veut pas dire qu'au-delà de cette date la francisation sera acquise et terminée, mais plutôt que «la francisation entrera alors dans une seconde phase caractérisée par le suivi des programmes».

Parmi ses priorités, l'Office entend mettre sur pied un système d'évaluation de la francisation des entreprises et consolider son réseau d'assistance linguistique auprès des personnes et des institutions. Deux excellentes mesures sont prévues: développer la terminologie de l'informatique et des technologies de pointe, et fournir une aide plus précise «à l'utilisation dans l'enseignement universitaire et collégial d'ouvrages de référence en langue française».

Mais surtout, l'Office veut se donner désormais une mission d'aide et d'animation. Bien qu'il ait toujours «choisi la persuasion comme outil de négociation» avec les entreprises, il était souvent perçu comme un organisme contraignant. L'OLF veut changer ces perceptions, apporter désormais aux entreprises des services d'aide et de soutien pour réaliser la francisation, et mettre en place un programme d'animation pour susciter chez les citoyens et les groupes des projets et des initiatives qui contribuent à parachever la francisation.

Cette nouvelle orientation, cette «mutation» de l'Office, entrait tout à fait dans les vues de Gérald Godin comme élément positif du «compromis» qu'il recherchait. Quelques mois plus tard, après l'adoption de la Loi 57, il y reviendra:

> J'ai déjà indiqué ma volonté de voir l'Office de la langue française agir d'abord comme centre de services. [...] Permettez-moi de répéter ici — on ne le fera jamais assez — l'explication que le président de l'Office [...] donnait lui-même de ce changement, et qui reflète exactement ma pensée: «La phase des négociations de programmes avec nos premiers «clients» étant essentiellement révolue, nous tenons à ce que ces derniers nous perçoivent bien dans notre rôle de facilitateurs de la francisation. C'est d'ailleurs le leitmotiv qui prévaut partout à l'Office, nous sommes réellement un *organisme de service*»[15].

Avec le changement de ministre, à l'automne 1982, et la «nouvelle sensibilité» des journalistes francophones, on pouvait craindre un relâchement prématuré, en particulier sur la question de l'affichage. Toutefois, rien ne confirmait cette appréhension dans la lettre que René Lévesque adressa, le 4 novembre 1982, à Alliance Québec en réponse à ses six revendications. Avec des mots empreints de dignité et de fermeté, le Premier ministre, après avoir fait un bref rappel historique de l'évolution linguistique du Québec, invite la communauté anglophone «à prendre acte des conditions nouvelles qui prévalent dans notre société». Il exprime sa déception de constater que la reconnaissance du principe de la primauté du français ne figure pas dans le mémoire d'Alliance Québec, puisque ce principe a été rejeté en atelier, lors du congrès. Il rappelle que «l'esprit de conciliation qui inspire le Québec français [...] ne peut pas rester toujours à sens unique».

Il passe ensuite en revue les six points prioritaires, fait les distinctions nécessaires, corrige les erreurs, fournit des explications et réfute certaines allégations. C'est une lettre bien documentée, dont certains paragraphes méritent de passer à l'histoire, comme ceux qui ont trait à l'affichage. René Lévesque y demeure fidèle aux objectifs de la Charte de la langue française. Il y dit cependant que Gérald Godin «se penche présentement sur la question de l'affichage et fournira une réponse d'ici quelque temps».

L'attention aux «irritants»

C'est en février 1983 que Gérald Godin annonça, pour l'automne, la tenue d'une Commission parlementaire sur la Loi 101 et sur la situation de la langue française. Les organismes linguistiques se mirent à l'œuvre pour se préparer le mieux possible à cet événement important.

LE VISAGE FRANÇAIS DU QUÉBEC

Il est important que le visage du Québec soit d'abord français, ne serait-ce que pour ne pas ressusciter aux yeux des nouveaux venus l'ambiguïté qui prévalait autrefois quant au caractère de notre société, ambiguïté qui nous a valu des crises déchirantes.

À sa manière en effet, chaque affiche bilingue dit à l'immigrant: «Il y a deux langues ici, l'anglais et le français; on choisit celle qu'on veut». Elle dit à l'anglophone: «Pas besoin d'apprendre le français, tout est traduit». Ce n'est pas là le message que nous voulons faire passer. Il nous apparaît vital que tous prennent conscience du caractère français de notre société. Or, en dehors de l'affichage, ce caractère n'est pas toujours évident.

[...] Selon nous, une trop grande ouverture à l'usage de l'anglais à côté du français dans l'affichage conduirait rapidement, vu la pression du contexte nord-américain, au bilinguisme généralisé dans ce domaine, du moins dans le centre de Montréal, c'est-à-dire là même où s'installent la plupart de nos nouveaux citoyens. C'est donc la prudence et non pas, comme on le prétend trop facilement, un quelconque esprit de vengeance, qui nous a amenés à adopter, pour l'affichage extérieur, la règle de l'usage exclusif du français.

Extrait de la lettre du 5 novembre 1982 de René Lévesque à Eric Maldoff, président d'Alliance Québec.

La Commission parlementaire fit mieux comprendre au ministre l'utilité et la nécessité des organismes de la Loi 101. Bien des questions furent posées, qui forcèrent le ministre à les mieux connaître et à saisir «par l'intérieur» ce qu'ils faisaient. On le vit même, en pleine Commission parlementaire, prendre la défense de l'Office et de la Commission de surveillance. Quant au Conseil, il déposa des études et des recherches qui servirent à

La Commission parlementaire sur la Loi 101

étayer les allégations du ministre avant et après la Commission parlementaire. Celui-ci fit grand cas de l'étude de Charles Castonguay sur les transferts linguistiques et la force d'attraction de l'anglais au Québec. Cette étude du Conseil devait être confirmée, un an après, par une étude de Statistique Canada[16]. Mais quand elle parut, au moment de la Commission parlementaire, William Johnson, du *Globe and Mail*, écrivit impudemment que toutes les études du Conseil étaient «biaisées[17]». Lise Bissonnette, qui les avait bien lues, lui rétorqua:

> Certains voient un complot de nationalistes assiégés dans la pluie de rapports-bilans tombés sur nos tables depuis deux semaines, notamment en provenance du Conseil de la langue française. Cette paranoïa évite, évidemment, de les lire. On oublie que le Conseil est payé exactement pour cette tâche, et qu'elle s'impose au moment d'audiences publiques. Ces rapports, fort bien faits pour la plupart, ne sont d'ailleurs pas des défenses et illustrations moralisantes de la Loi 101, mais des études scientifiques qui ne contiennent que très peu de recommandations, parfois aucune. Ils permettent de sortir des discussions obsessives sur la langue[18]...

Les demandes d'Alliance Québec

La Commission parlementaire entendit une soixantaine de groupes ou de personnes provenant des divers milieux. Alliance Québec entoura sa participation à la Commission parlementaire d'un déploiement de moyens inusité, qui visait à en maximiser l'impact mais qui, en réalité, n'eut pas l'effet recherché. Le volumineux mémoire qu'elle présenta était différent de celui qu'elle avait envoyé officiellement (ce qui indisposa le ministre), et elle s'y livrait à une charge en règle contre les fonctionnaires de l'Office et de la Commission de surveillance, qui n'avaient ni les délais ni la tribune requise pour se défendre. Alliance Québec réclamait en outre: l'abolition des tests linguistiques, la «clause universelle» pour l'accès à l'école anglaise, le bilinguisme institu-

62

tionnel et non seulement individuel dans les établissements de santé, l'affichage bilingue partout au Québec et l'inclusion de la dualité linguistique québécoise dans la Charte de la langue française. Ce qui fit dire au ministre «que le mémoire de cet organisme constitue presque une invitation à démolir, morceau par morceau, la Charte de la langue française[19]». Gérald Godin était surpris dans sa «bonne foi». Entre sa volonté d'éliminer de la Loi certains «irritants» inutiles et les demandes d'Alliance Québec, il y avait un écart substantiel...

Au bout du compte, après délibération du Conseil des ministres, le Gouvernement déposa à l'Assemblée nationale et vota rapidement, avant Noël, le projet de loi 57 modifiant la Charte de la langue française. Les accommodements apportés en faveur de l'anglais sauvegardent l'essentiel des objectifs de la Charte de la langue française. À part la disposition relative aux comités de francisation, aucune mesure n'est prévue pour renforcer la Loi. Le préambule reconnaît les «institutions de la communauté québécoise d'expression anglaise». Les tests linguistiques sont abolis pour certaines catégories de personnes. Les communications écrites dans une autre langue sont autorisées à l'intérieur de certains organismes et entre eux. Le gouvernement peut, dans certains cas, appliquer la «clause Canada». Les centres de recherche peuvent faire l'objet d'ententes particulières pour fonctionner dans une autre langue. Le nom de la Commission de «surveillance» est changé pour celui de Commission de «protection» de la langue française. L'unilinguisme dans l'affichage est maintenu, mais les règlements de l'Office peuvent prévoir en certains cas des dérogations à la Loi.

Alliance Québec fut déçue, la Société Saint-Jean-Baptiste aussi, mais les éditorialistes francophones et anglophones saluèrent positivement le projet de Loi 57. Ils soulignèrent cet «important rap-

La Loi 57

prochement des réalités», «l'abandon du dogmatisme» (Jean-Louis Roy), «la volonté de réconciliation» (Michel Roy), «an important step toward greater recognition of English and anglophones», «undeniably substantial and constructive changes», «a good though incomplete move toward a better linguistic balance and a better business climate»* (*The Gazette*).

Une cascade de jugements   Alliance Québec n'était pas au bout de son action. Ce qu'elle n'avait pu obtenir de l'Assemblée nationale, elle l'obtiendrait des tribunaux. Subventionnée par Ottawa, elle soutint les principales causes qui s'attaquèrent à la Loi 101. L'année 1984 tout entière fut marquée par la série noire des jugements qui, l'un après l'autre, vinrent gruger la Charte de la langue française (nous reviendrons sur ces jugements au chapitre 5). À cause de son importance symbolique, le jugement sur l'affichage, qui arrivait après tous les autres comme un cadeau de Noël indésirable, sema l'émoi et la consternation dans un large secteur de la population francophone. L'inquiétude commençait à se faire lourde. Que restait-il finalement de la Loi 101?

Dès janvier 1985, le Conseil de la langue française, dans un avis public adressé au ministre, faisait le tour de la situation, évaluait les dégâts, soupesait les enjeux, rappelait les principes et recommandait au gouvernement d'en appeler du jugement de la Cour supérieure sur l'affichage; de renforcer la Loi 101 pour garantir avec plus d'efficacité le droit des travailleurs et des consommateurs de travailler et d'être servis en français; d'inscrire dans un document constitutionnel québécois le statut et la valeur que le gouvernement entendait accorder à la langue

---

* «un pas important vers une plus grande reconnaissance de l'anglais et des anglophones», «des changements indéniablement substantiels et constructifs», «un bon geste, quoiqu'insuffisant, en faveur d'un meilleur équilibre linguistique et d'un meilleur climat d'affaires».

française ainsi que les droits linguistiques fondamentaux des Québécois afin de les mettre à l'abri des tribunaux; de faire en sorte enfin «que la Loi constitutionnelle du Canada elle-même reconnaisse le caractère distinct de la société québécoise, et l'obligation que cela impose au Québec et au Canada de prendre des mesures appropriées pour assurer la force du français au Québec et sa survie en Amérique[20]».

LES TERGIVERSATIONS (1985-1987)

Avec Camille Laurin, la question linguistique était avant tout comme une affaire de fidélité aux Québécois. Avec Gérald Godin, elle devient un compromis entre Québécois et *Quebecers*. Au cours des deux premières années du gouvernement de Robert Bourassa, elle donne lieu à des tergiversations où l'on a souvent l'impression que les *Quebecers* tirent très fort.

Le programme du Parti libéral prévoyait une place accrue à l'anglais dans l'affichage. Mais, au cours de la campagne à la direction, Robert Bourassa s'était montré très prudent. Lors d'une rencontre avec des militants du «West-Island», il n'avait pas écarté la possibilité d'apporter des changements à la Loi 101, mais il estimait «qu'une application plus réaliste et plus responsable de la législation linguistique devrait satisfaire les deux communautés». Il avait surtout averti ses partisans que la Loi 101 «représentait un symbole pour les francophones», que ceux-ci «l'appuyaient majoritairement» et que «ce n'était pas son intention de refaire un nouveau débat linguistique au Québec[21]». Au cours de la campagne électorale de novembre 1985, les libéraux prirent l'engagement d'éliminer de la Charte de la langue

Position de départ

française les «irritants inutiles» pour la communauté anglophone[22], opération à laquelle Gérald Godin s'était pourtant déjà livré, exactement deux ans plus tôt! Le 2 décembre 1985, les anglophones votèrent massivement pour le Parti libéral, qui fut porté au pouvoir.

D'un ballon à l'autre

La question de l'affichage   On se souvient que le gouvernement précédent était allé en appel du jugement de la Cour supérieure sur l'affichage. Entre temps, la Loi 101 devait continuer de s'appliquer et on devait continuer de poursuivre les contrevenants. Mais qu'en était-il au juste depuis l'arrivée au pouvoir d'un parti qui prônait l'affichage bilingue? En mars 1986, le Conseil de la langue française invita le gouvernement à préciser sa position. En avril, la question de l'affichage occupa l'avant-scène de l'opinion publique. Le 12 avril *The Gazette* titrait: «English signs slowly reappearing in Quebec» et, en éditorial, invitait les marchands anglophones à respecter la loi, pour éviter «a harsh legal regime [to] give French the security it needs*». Dix jours plus tard, Robert Bourassa confiait à un journaliste qu'il se sentait «coincé» par la question linguistique: c'est peut-être le problème, disait-il, «où la solution va être la plus difficile[23]». Le 25 avril, on apprenait que, pour la première fois depuis décembre 85, le ministre de la Justice allait poursuivre trois entreprises, confirmant par là son intention de faire respecter la Charte de la langue française.

(Printemps 1986)   On assiste alors, pendant plusieurs mois, à ce que des journalistes ont appelé la «valse-hésitation» du premier ministre Robert Bourassa sur la question de l'affichage. Il lance ainsi plusieurs ballons, qui se

---

* «Les affiches anglaises réapparaissent tranquillement au Québec», «un régime légal dur visant à donner au français la sécurité nécessaire».

perdent dans l'air, contribuant à rendre encore plus confuse la position du gouvernement sur cette délicate question. Au printemps 1986, il laisse entendre au *Devoir* que son gouvernement va agir sur cette question sans attendre les tribunaux. À l'été 1986, après le conseil général de son parti qui endosse l'affichage bilingue avec priorité au français, il affirme à la *Presse* qu'«il y a possibilité d'amender la Loi 101 sans mettre en danger la paix sociale».

L'automne 1986 marque un moment de crise, qui n'aidera pas aux discussions entourant les projets de Loi 140 et 142 (voir ci-dessous). Le débat, dans les journaux, se polarise autour de «l'affaire Zeller's», des déclarations du premier ministre et de la recrudescence de l'affichage bilingue. On apprend que la compagnie Zeller's affiche en français et en anglais dans deux de ses magasins et qu'elle a décidé que cette façon de faire valait mieux que le respect de la loi. D'autre part, le premier ministre confie à la *Gazette*, au début d'octobre, qu'il veut permettre le bilinguisme dans l'affichage dès l'automne. Il déclare, le 15 octobre, qu'il pourra permettre l'affichage bilingue par simple voie réglementaire, sans même passer par l'Assemblée nationale. Fin novembre, il évoque la création de districts bilingues. *(Automne 1986)*

Le mois de décembre est fort agité et le premier ministre, sensible à la paix sociale, semble alors reculer *(The Gazette)*. On reprend les poursuites, qui avaient été suspendues, à l'endroit des contrevenants à la loi sur l'affichage, dont Zeller's. Fin décembre, la Cour d'appel confirme que l'affichage unilingue français va à l'encontre de la liberté d'expression. Le gouvernement décide d'en appeler à la Cour suprême et met sur pied un comité de huit ministres pour définir la position du gouvernement.

À l'hiver 1987, lors du conseil général de son parti, Robert Bourassa parle d'un «bilinguisme op- *(Hiver 1987)*

67

tionnel et conditionnel», qu'il se refuse à définir. À la fin du printemps 1987, il affirme finalement en Chambre que les amendements viendront après la décision de la Cour suprême. Puis, il reprend un argument mis de l'avant par le Parti québécois: il faut que l'affichage dise clairement aux nouveaux immigrants que la société québécoise est principalement francophone[24]. À l'approche du Second Sommet de la francophonie, tenu à Québec en septembre 1987, il était aussi de bonne guerre de ne pas trop insister sur l'affichage bilingue...

Au moment du dixième anniversaire de la Charte de la langue française, le 26 août 1987, le jugement de la Cour suprême était toujours attendu.

Bref, près de deux ans après l'élection de son parti, Robert Bourassa avait réussi ce tour de force d'éviter le pire, en ne donnant pas suite aux engagements de son parti envers ses électeurs anglophones. Mais ses tergiversations auront favorisé un relâchement dans l'application de la loi, notamment au chapitre de l'affichage unilingue français.

De l'amnistie aux grands chambardements

La communauté anglophone n'allait toutefois pas être déçue sur toute la ligne. L'année 1986 fut marquée par la présentation de trois projets de loi touchant la langue. Deux de ces projets furent adoptés: le premier portait sur les élèves «illégaux», le second sur les services de santé en anglais.

Amnistie des élèves illégaux   La Loi 58, annoncée en avril et votée en juin 1986, accordait l'amnistie aux élèves illégalement admis dans les écoles anglaises. En novembre 1981, le ministre Laurin avait tenté de régler la situation de ces élèves (entre 1200 et 1600) en offrant de prendre les mesures nécessaires pour faciliter leur transfert vers l'école française et reconnaître leur scolarité

68

antérieure[25]. Mais, dans son esprit, il était hors de question d'accorder à ces enfants le droit pour leurs descendants de fréquenter l'école anglaise. Le 25 avril 1986, l'Alliance des professeurs de Montréal (affiliée à la CEQ), mettait aussi de l'avant cette dernière condition et demandait en outre que ces élèves réussissent un examen de connaissance du français pour obtenir leur certificat de fin d'études. Le ministre de l'Éducation, Claude Ryan, ne crut pas bon de retenir ces conditions et la généreuse amnistie qu'il fit voter fut considérée par certains comme une «prime à la désobéissance». Au moins, la Loi 58 ne changeait pas la Charte de la langue française, elle ne déclarait pas légal ce qui avait été illégal et elle n'encourageait pas les futures infractions.

Mais le ministre de l'Éducation en avait profité pour introduire dans la Loi 58 une disposition donnant au ministre le pouvoir d'admettre à l'école anglaise certains enfants à propos desquels la Commission d'appel sur la langue d'enseignement[26] fournit la preuve qu'ils se trouvent dans «une situation grave d'ordre familial ou humanitaire». Il faudra suivre de près l'exercice, par le ministre, de ce pouvoir d'exception qu'il n'a pas voulu laisser à la Commission d'appel elle-même et sur lequel il doit faire rapport annuellement à l'Assemblée nationale. Un an après, en juin 1987, le ministre a «oublié» de faire rapport à l'Assemblée!... Il sera utile de vérifier si la Commission d'appel établit vraiment la «preuve» de ces situations «graves» et si le ministre utilise vraiment des critères sérieux pour admettre à l'école anglaise ou si ce pouvoir discrétionnaire du ministre n'est pas simplement un moyen détourné pour admettre certains enfants à l'école anglaise.

Admission à l'école anglaise

Également en juin 1986, la ministre responsable de la Charte de la langue française, Lise Bacon, mit sur pied un groupe de travail chargé d'examiner «les

Le rapport Lalande

mandats des organismes voués à l'application de la Charte» et de «formuler sous forme d'amendements éventuels à la Charte des recommandations [...] de modifications organisationnelles». Ce groupe de travail, qui était présidé par Gilles Lalande, remit son rapport en octobre. Il recommandait essentiellement de regrouper en un seul organisme le Conseil, l'Office et la Commission de protection de la langue française.

Les projets de Loi 140 et 142

Un mois plus tard (novembre 1986), ce rapport était suivi du dépôt des projets de Loi 140 et 142. Le projet de Loi 140 épousait d'assez près les conclusions du Rapport Lalande, sauf qu'au lieu d'abolir le Conseil de la langue française, il le transformait en un Haut Comité de la langue française comprenant seize membres, dont quatre personnes «de l'extérieur du Québec». Ce Haut Comité n'avait plus le droit d'«informer le public sur les questions concernant la langue française au Québec». C'était une façon de museler le Conseil, de lui enlever sa liberté de parole, puisqu'il avait réussi, à quelques reprises, à agacer ou à indisposer le gouvernement... Le projet de loi abolissait également la Commission de protection de la langue française, qui avait indisposé souverainement les anglophones, et confiait de nouveau à l'Office, comme au temps de la Loi 22, la double responsabilité (que la Loi 101 avait voulu dissocier avec raison) de la francisation des entreprises et des enquêtes. La procédure prévue pour les enquêtes multipliait leurs chances de ne jamais aboutir... Enfin, disposition législative extrêmement importante, le projet de Loi 140 donnait désormais au gouvernement le pouvoir d'intervenir pour confier des mandats à l'Office ou pour lui donner des directives sur ses objectifs et son orientation. Cette tentative de soumettre les organismes de la Charte à la dictée politique fut très mal reçue de l'opinion publique. On sentait que, par le biais des structures, le gouverne-

70

ment voulait s'en prendre à l'économie même de la Loi 101 et que cela risquait d'avoir de lourdes conséquences sur le développement et l'avenir de la langue française au Québec.

Quant au projet de Loi 142, il visait à donner à «toute personne d'expression anglaise le droit de recevoir en langue anglaise des services de santé et des services sociaux», et il allait à l'encontre des objectifs de francisation en permettant de considérer les non-francophones comme des personnes d'expression anglaise, ce qui avait fait dire à Robert Bourassa lui-même que ce projet de loi était une «passoire»...

Le contenu de ces deux projets de loi et leur contexte — recrudescence de l'affichage bilingue dans la région de Montréal, incertitude quant à la position du gouvernement sur le fond de la Loi 101 — réussirent à mobiliser les énergies contre le gouvernement.

Un automne chaud

Le chef de l'opposition officielle, Pierre-Marc Johnson, remit à la presse un document dans lequel il passait en revue tous «les gestes politiques posés par le gouvernement depuis le 2 décembre 1985», pour montrer qu'ils allaient dans le sens d'une «bilinguisation du Québec». La plupart des éditorialistes soulignèrent immédiatement les failles de ces deux projets de loi et en dénoncèrent les orientations. Les grandes centrales syndicales et les autres organismes regroupés au sein du Mouvement Québec français prirent nettement position contre les projets de loi. Dans le prolongement de ce qu'avait fait la Société Saint-Jean-Baptiste, le Parti québécois lança une opération «panneaux-balcons» «Ne touchez pas à la Loi 101». Même les jeunes, qui n'avaient pas participé de près aux débats linguistiques des années 1970, prirent la parole et s'opposèrent par la voix de leurs associations étudiantes.

71

Le mois de décembre 1986 fut capital. Des bombes éclatèrent chez Zeller's, qui avait décidé, au début de l'automne, de ne plus respecter la Loi 101 dans l'affichage. Les intellectuels, dont on n'avait pratiquement plus entendu la voix dans ce dossier au cours des dernières années, réagirent à leur tour contre les deux projets de loi: un groupe de 22 universitaires adressèrent une lettre au premier ministre Robert Bourassa. Les interventions inusitées du Conseil du patronat et de la Chambre de commerce de Montréal, demandant au gouvernement de préserver la paix sociale et de clarifier d'abord ses intentions avant de toucher à la Loi 101, eurent aussi un effet déterminant. Même le premier ministre du Canada, Brian Mulroney, déclara publiquement qu'«il est indispensable que le Québec conserve son visage français et que l'utilisation du français ne subisse aucun recul, de quelque nature que ce soit[27]». Finalement, à l'occasion d'un grand rassemblement nationaliste qui réunit 5000 manifestants au centre Paul-Sauvé, le 13 décembre 1986, 101 personnalités prirent la parole pour la défense de la Loi 101.

Recul
du
gouvernement

Bref, le gouvernement n'avait plus qu'à reculer, pour éviter la perturbation sociale. Dix mois plus tard, dans une entrevue publiée dans *Le Soleil*, Robert Bourassa avouera que, devant tous ces événements, sa conviction avait été ébranlée[28]. Il opéra un repli stratégique juste avant la fin de la session parlementaire et fit mourir au feuilleton le projet de Loi 140. Quant au projet de Loi 142 sur l'accès aux services de santé en anglais, il en imposa l'adoption en mettant fin aux débats et aux tentatives d'amendements de l'opposition au moyen d'une motion de clôture.

«We have a deal!»

L'année 1987 restera sans doute, dans les annales canadiennes et québécoises, comme l'année du lac Meech. En devenant premier ministre du Canada, en septembre 1984, Brian Mulroney s'était engagé à tout mettre en œuvre pour guérir les blessures, disssiper les inquiétudes, rétablir la confiance et «convaincre l'Assemblée nationale du Québec de donner son assentiment à la nouvelle Constitution canadienne avec honneur et enthousiasme[29]».

Dès son arrivée au pouvoir, le 2 décembre 1985, le gouvernement du Parti libéral se donna comme priorité de ramener le Québec dans la fédération canadienne, à ses propres conditions. Les cinq conditions, énoncées par le ministre délégué aux Affaires intergouvernementales canadiennes, Gil Rémillard, étaient les suivantes: reconnaissance du Québec comme société distincte; pouvoirs accrus du Québec au chapitre de l'immigration; limitation du pouvoir d'Ottawa de dépenser; droit de veto en regard de la modification de la Constitution et participation du Québec à la nomination des juges de la Cour suprême.

Les conditions posées par le Québec

Les premiers ministres se réunirent finalement le 30 avril 1987, au lac Meech, et en ressortirent dix heures plus tard avec une entente de principe qui respectait les cinq conditions posées par le Québec. Pour Robert Bourassa, le Québec venait de réaliser des «gains énormes». «Nous avons récupéré le droit de veto du Québec, perdu par le gouvernement péquiste en novembre 1981», affirmait-il. Mais, pour Pierre-Marc Johnson, le «deal» du lac Meech était tellement avantageux pour les dirigeants du Canada anglais qu'ils se sont empressés de le signer. Pour lui, le gouvernement Bourassa, au lac Meech, avait

La réunion du lac Meech

73

«vendu la maison du Québec en bas du prix du marché[30]».

Au cours du mois de mai, notamment à l'occasion de la Commission parlementaire tenue à Québec sur l'entente du lac Meech, les groupes représentatifs et les experts eurent l'occasion de se faire entendre, soit pour marquer leur accord ou leur désaccord, soit pour proposer au gouvernement certains amendements[31].

C'est surtout la question de la reconnaissance du Québec comme «société distincte» qui souleva le plus de commentaires et d'inquiétudes. C'est également celle qui risque d'avoir le plus de conséquences sur le statut et le développement de la langue française au Québec. Il n'y aurait en effet rien de pire qu'une entente constitutionnelle qui, sur le plan linguistique, assujettirait le Québec au bon vouloir du Canada anglais. Cela favoriserait les anglophones du Québec et du Canada au détriment des Québécois francophones. C'est pourquoi le Québec a toujours revendiqué les pleins pouvoirs en matière linguistique et la légitimité de ces pouvoirs a été reconnue par plusieurs tribunaux. Qu'en est-il au juste dans l'entente de principe du lac Meech?

On est forcé de reconnaître, comme nous le verrons au chapitre 6, que cette entente ne donne pas au Québec les garanties claires et sûres dont celui-ci a besoin pour protéger et développer la langue française.

Après la commission parlementaire de Québec, les premiers ministres se réunirent à nouveau, cette fois à Ottawa, le 3 juin, pour adopter le texte final de l'accord constitutionnel, auquel Robert Bourassa avait apporté quelques modifications.

Une chose est claire, en tout cas: si l'amende-ment constitutionnel résultant de l'accord du 3 juin 1987 était adopté, le Québec serait désormais *volontairement* engagé dans un processus constitutionnel qui lui donne, certes, l'initiative pour la protection et la promotion de la langue française, mais qui le soumet en même temps à des contraintes certaines. À cet égard, reste à voir quelle force les tribunaux donneront à la «règle interprétative» qui a trait à la «dualité linguistique canadienne».

Bref, Robert Bourassa pouvait bien dire que la conclusion de cette entente marquait un grand jour pour le Québec, mais il convient de se rappeler que le scénario constitutionnel qu'il a mis au point comporte une bonne part d'ambiguïté et d'incertitude.

C'est dans ce contexte que le rideau tomba, le 26 août 1987, sur les dix ans de la Charte de la langue française, qui avait été conçue dans une perspective constitutionnelle bien différente...

Une semaine plus tard s'ouvrait, à Québec, le Second Sommet de la Francophonie.

Notes

1. René Lévesque, *Attendez que je me rappelle*, Montréal, Québec/ Amérique, 1986, p. 393.
2. Camille Laurin, «La qualité de la langue... après la Loi 101», dans *Actes du colloque*, Québec, Conseil de la langue française, 1980, p. 18.
3. *Ibid.*, p. 17-18 et 21.
4. «Plan d'organisation administrative supérieure du Conseil de la langue française», approuvé par le Conseil du trésor, le 13 décembre 1977 (C.T. 109606).
5. René Lévesque, *op. cit.*, p. 388.
6. *Ibid.*, p. 391.
7. Camille Laurin, *La situation démolinguistique au Québec et la Charte de la langue française*, Québec, Conseil de la langue française, 1980, p. 9-10.

8. Gary Caldwell, «L'anglophonie québécoise et la convergence», *Le Devoir*, 4 février 1982.

9. Gary Caldwell et Eric Waddell, *Les anglophones du Québec, de majoritaires à minoritaires*, Québec, Institut québécois de recherche sur la culture, 1982, p. 457.

10. *La Presse*, 15 septembre 1982.

11. Jean-Pierre Proulx, *Le Devoir*, 26 août 1982.

12. Camille Laurin, «Vivre en français», allocution prononcée à l'occasion du 35ᵉ Congrès de l'Association canadienne d'éducation de langue française (ACELF), le 21 août 1982.

13. *Le Devoir*, 26 août 1982.

14. «Il nous faut abaisser les attentes du public, parce qu'alors, quand nous apporterons les changements, ils paraîtront plus gros. Un petit changement aux yeux des francophones pourrait en être un gros aux yeux des anglophones.» *The Gazette*, octobre 1983.

15. Allocution de monsieur Gérald Godin lue par monsieur Michel Leduc, au Colloque sur «Les entreprises de haute technologie et la francisation», tenu par le Centre de linguistique de l'entreprise, le 20 septembre 1984.

16. *La situation linguistique au Canada*, Statistique Canada, n° 99-935, janvier 1985.

17. *The Globe and Mail*, 20, 21 et 24 octobre 1983.

18. Lise Bissonnette, *Le Devoir*, 20 et 24 octobre 1983.

19. Gérald Godin, *La Presse*, 27 octobre 1983.

20. Avis du Conseil de la langue française sur «La situation linguistique actuelle», 25 janvier 1985, p. 25-26 et 28.

21. *La Presse*, octobre 1983.

22. *La Presse*, 28 avril 1986.

23. *La Presse*, 25 et 28 avril 1986.

24. *Le Devoir*, 19 octobre 1987.

25. Rapport Aquin, 2 novembre 1981, et Communiqué de presse du ministre Camille Laurin, 12 novembre 1981.

26. Commission créée par la Charte de la langue française, chapitre VIII, article 83.

27. *La Presse*, 9 décembre 1986.

28. *Le Devoir*, 19 octobre 1987.

29. Allocution de Brian Mulroney, à Sept-Îles, le 6 août 1984. On se souvient que la nouvelle Loi constitutionnelle est en vigueur depuis 1982, même si le Québec n'y a pas adhéré.

30. *La Presse*, 2 mai 1987.

31. Les principaux textes (analyses, éditoriaux, commentaires) publiés ou entendus à cette époque ont été colligés par *Le Devoir* dans un livre de 477 pages intitulé *Le Québec et le lac Meech*, Montréal, Guérin, 1987.

4

Une loi tricotée serrée?...
Les succès de la Charte
depuis dix ans

L'aménagement linguistique et ses «rouages», mis en place par la Charte de la langue française, ont-ils été efficaces? Oui, sans aucun doute, en dépit des réserves que nous ferons ci-dessous[1].

L'école des immigrants

À l'époque de la Loi 63, en 1969-1970, plus de 85 % des enfants d'immigrants fréquentaient l'école anglaise. À ce nombre s'ajoutaient 1,6 % des élèves francophones, si bien que, dans ces écoles, un élève sur quatre n'était pas de langue maternelle anglaise. Le nombre total des élèves fréquentant l'école anglaise avait encore augmenté à la veille de l'adoption de la Loi 22: le tiers des élèves qui étudiaient alors en anglais n'étaient pas de langue maternelle anglaise[2]. En 1976, à la veille de l'entrée en vigueur de la Loi 101, le pourcentage des élèves étudiant en langue anglaise, sur l'ensemble des élèves du Québec, était de 16,6 %, soit 1 % de plus qu'en 1969[3]. Or, cinq ans après l'adoption de la Loi 101, ce pourcentage était déjà tombé à 12,5 %[4] (voir tableau 1) et, dix ans après, soit en 1986-1987, il avait diminué à 10,4 %.

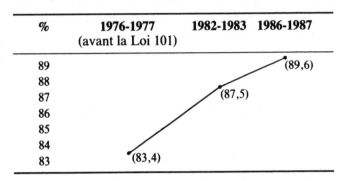

TABLEAU 1
Évolution de la population scolaire du Québec selon la langue d'enseignement
(enseignement primaire et secondaire)

Pourcentage d'élèves étudiant en français

%	1976-1977 (avant la Loi 101)	1982-1983	1986-1987
89			(89,6)
88			
87		(87,5)	
86			
85			
84			
83	(83,4)		

Pourcentage d'élèves étudiant en anglais

%	1976-1977 (avant la Loi 101)	1982-1983	1986-1987
16	(16,6)		
15			
14			
13			
12		(12,5)	
11			
10			(10,4)

En 1982-1983, il y avait 12,5 % d'écoliers qui étudiaient en anglais, alors que la proportion totale d'écoliers de langue maternelle anglaise était de 9,8 %.

Source: Michel Paillé, *L'état de la langue française au Québec*, CLF, 1986, notes et documents, n° 58, p. 72. — Ministère de l'Éducation, données informatisées.

Le pourcentage des allophones qui fréquentent l'école anglaise est descendu de 85 % à 36 % en 1986-1987 (voir tableau 2), ce qui marque un net renversement des tendances, compte tenu du fait que la Loi 101 n'était pas rétroactive et permettait aux enfants légalement inscrits à l'école anglaise lors de l'adoption de la Loi de continuer à y recevoir leur enseignement, ainsi que leurs frères et sœurs cadets[5]. Enfin, dans la région de Montréal, 76 % des écoliers nés à l'extérieur du Canada étaient inscrits à l'école française en 1982-1983, contre seulement 23 % lors de l'entrée en vigueur de la Loi 101[6].

TABLEAU 2

**Répartition des écoliers allophones
selon la langue d'enseignement**
(enseignement primaire et secondaire)

%	1977-1978 (première année de la Loi 101)	1984-1985	1986-1987	
70	(70,0)			*Allophones étudiant en français*
65			(64,4)	
60		(57,0)		
55				
50				*Allophones étudiant en anglais*
45				
40		(43,0)		
35			(35,6)	
30	(30,0)			

La Loi 101 a été efficace pour amener les allophones à s'inscrire à l'école française. Il ne faut pas oublier que tous les élèves légalement inscrits à l'école anglaise au moment de l'adoption de la Loi pouvaient y demeurer, ainsi que leurs frères et soeurs.

Source: Michel Paillé, *Aspects de l'évolution de la situation linguistique au Québec*, CLF, 1986, notes et documents, n° 52, p. 45-46. — Ministère de l'Éducation, données informatisées.

Cette efficacité de la Loi a profondément bouleversé le «paysage» scolaire de la région métropolitaine où l'on trouve maintenant un grand nombre d'écoles françaises à composante, voire à majorité, pluriethnique, ce qui pose d'ailleurs aux enseignants de nouveaux défis d'adaptation pédagogique et aux populations scolaires des problèmes nouveaux de co-existence linguistique et culturelle[7].

L'administration publique

Si, à cause d'empêchements constitutionnels, la Loi 101 n'a pas réussi à imposer l'unilinguisme français dans les domaines de la législation et de la justice (voir page 28), en revanche elle a été efficace auprès de l'administration publique, en particulier dans les ministères et les organismes gouvernementaux, pour mettre fin à de vieilles pratiques peu soucieuses du statut de la langue française et pour instaurer des politiques conscientes et soutenues d'utilisation du français — et d'un français correct — dans les communications et les transactions internes et publiques[8]. L'OLF a organisé des séances de perfectionnement sur le français au bureau et il a assuré, auprès de divers ministères et organismes publics, le support nécessaire à l'implantation d'une terminologie française appropriée.

Les entreprises: francisation réelle ou sur papier?

Chiffres et témoignages

On peut dire aussi que la francisation des entreprises a été bien enclenchée mais qu'elle n'est pas terminée. Il s'agit ici d'un processus plus long et plus complexe que celui de la francisation de l'administration publique, qui, dans la plupart des cas, pouvait s'appuyer sur des bases francophones dès le point de départ. On ne saurait juger de l'état d'avancement de la francisation des entreprises uniquement à partir des chiffres fournis par l'Office de la langue française. Il est peut-être utile de constater que 50 % des grandes entreprises (100 employés ou plus) et 66 %

des petites et moyennes entreprises (de 50 à 99 employés) possèdent déjà leur certificat de francisation attestant que le français a atteint, chez elles, un niveau d'utilisation généralisé. Il est peut-être même rassurant de savoir que la grande majorité de celles qui restent (dans les mêmes catégories) sont en train d'appliquer un programme de francisation approuvé par l'Office. Mais qu'est-ce que cela veut dire au juste, quand on songe à la diversité des situations et des contextes qui peuvent prévaloir d'une entreprise à l'autre[9]?

Il faut, pour porter un jugement d'ensemble sur la francisation des entreprises, essayer de voir un peu les résultats par l'intérieur, en se reportant aux témoignages des travailleurs et des dirigeants et aux constatations effectuées «de visu» et «de auditu» à l'occasion de visites[10]. Que peut-on conclure alors? Essentiellement trois choses:

— la Loi 101 a donné une place et un statut indéniable aux francophones dans l'entreprise, à tous les niveaux;

— la Loi 101 a bouleversé les habitudes de communication et provoqué une formidable activité d'apprentissage du français et de production en français au sein des entreprises;

— la Loi 101 a eu pour effet d'instaurer une dynamique et des structures qui assurent jusqu'à un certain point la continuité du mouvement de francisation.

Il n'est pas toujours possible d'évaluer en pourcentages les progrès réalisés depuis dix ans, par rapport à ceux qui découlent du mouvement de francisation amorcé depuis les débuts de la Révolution tranquille. Mais on se reportera, de façon générale, aux études et aux recherches du Conseil de la langue française qui a consacré la majeure partie de ses ressources à mesurer, de la façon la plus précise possible, l'évolution de la situation du français dans les divers secteurs d'activités publiques.

Constats d'experts

81

Ainsi, Daniel Monnier (*L'usage du français au travail*) a mesuré l'augmentation de la présence des francophones par rapport aux anglophones, sur le marché du travail. Dans l'ensemble, le nombre de francophones pour *un* anglophone est passé de 5,3 à 8,7 au cours des années 70. Cette augmentation a été sensible un peu partout, mais surtout dans les secteurs des transports et des communications, chez les employés de bureau et chez les travailleurs de la construction. Dans son étude sur les postes supérieurs de l'entreprise et du secteur public (*Décideurs et gestionnaires*), Arnaud Sales a constaté, en 1981, que la présence des francophones aux postes de direction a augmenté de 4 points de pourcentage (avec, dans le secteur public, une très forte prédominance des francophones) (voir tableau 3). La proportion

TABLEAU 3
Proportion de francophones parmi les cadres et les dirigeants d'entreprises au Québec

%	1971	1981	Secteur
100		(98,9)	Secteur public
95			
90			
85			
80			
75			
70		(69,1)	*Augmentation totale*
65	(64,9)	(64,7)	Secteur privé
60			

Les cadres et les dirigeants francophones dominent à eux seuls le secteur public. Dans le secteur privé, ils augmentent légèrement mais sont loin d'atteindre le pourcentage réel des francophones dans la population active (80,5 %).

Dans les communications orales, l'avantage reste aux anglophones: 60 % d'entre eux utilisent à peu près uniquement l'anglais, alors que 55 % des francophones utilisent à peu près uniquement le français. Mais la proportion de ceux qui utilisent les deux langues s'accroît considérablement, que ce soit chez les francophones (42 %) ou chez les anglophones (38 %).

Source: Arnaud Sales et Noël Bélanger, *Décideurs et gestionnaires*, CLF, 1985, p. 178-180, 214.

82

des entreprises sous contrôle francophone a également augmenté: André Raynauld et François Vaillancourt (*L'appartenance des entreprises*) ont observé des progrès de l'entreprise francophone dans tous les secteurs sans exception, surtout dans les institutions financières et la construction (voir tableau 4).

TABLEAU 4
Augmentation de la part des entreprises francophones selon le nombre d'emplois dans l'économie québécoise

% de l'emploi total	1961	1978	Secteurs	1987
75		(74,4)	Construction	Les tendances
70				observées nous
65		(67,2)	Administration publique	permettent de
60				croire que le
55		(54,8)	*Ensemble de l'économie québécoise*	progrès se
50	(51,8)			poursuit
	(50,7)	(44,8)	Institutions financières	
45	(47,1)	(42,2)	Transports, communications,	
40			services publics	
35	(36,4)			
30				
25	(25,8)			

Les entreprises sous contrôle francophone ont fait des progrès dans tous les secteurs sans exception. En contrepartie, les entreprises anglophones ont reculé dans tous les secteurs.

Source: André Raynauld et François Vaillancourt, *L'appartenance des entreprises: le cas du Québec en 1978*, CLF, 1984, p. 81-82.

Mais c'est sans doute dans l'utilisation et la diffusion orales et écrites du français au sein de l'entreprise que les effets de la Loi 101 ont été les plus sensibles. Plusieurs entreprises ont mis sur pied des cours de français; le français est devenu, dans la majorité des entreprises, la langue des réunions de travail et des réunions administratives; quantité de

Dynamique de la francisation

83

traducteurs et de rédacteurs ont été sollicités pour adapter ou concevoir en français les manuels d'instructions et les autres documents servant au fonctionnement quotidien de l'entreprise; plusieurs travailleurs ont été engagés dans des activités de production ou de «conversion» terminologique; et le français a progressé comme langue de communication normale entre la direction et le personnel.

Cet effort a été largement soutenu par des structures que se sont données les entreprises (comme le Centre de linguistique de l'entreprise, l'Association des conseils en francisation du Québec), soit pour faciliter la négociation avec l'Office et répondre plus facilement, de façon concertée, aux exigences de la Loi, soit pour mettre en œuvre leur programme de francisation et en assurer le suivi interne. Structures de soutien ou de concertation, conseillers internes préposés à la francisation, comités de francisation prévus par la Loi dans les grandes entreprises, traducteurs regroupés en une Société active, tels ont été les divers agents d'une dynamique de francisation dont les actions ont fini par se rejoindre et se renforcer, donnant à la Loi 101 un effet d'entraînement et de continuité qui est loin d'être négligeable, même s'il n'est pas toujours facilement quantifiable.

Trois ans après l'adoption de la Loi 101, un chercheur américain du New Jersey (Joseph Le May) avait demandé aux filiales montréalaises des grandes entreprises américaines d'indiquer le facteur qui faisait le plus obstacle à leur investissement au Québec et il avait obtenu pour réponse «la Loi 101». Moins de trois ans plus tard, il leur posait à nouveau la même question: les grandes entreprises américaines avaient pris le tournant de la francisation et la Loi 101 ne constituait plus un problème pour elles; les deux facteurs les plus négatifs qu'elles indiquaient alors, c'était la «politique énergétique nationale» et la politique de «tamisage des investissements étrangers» du gouvernement canadien.

La dernière enquête portant sur l'évolution du français comme langue de travail remonte à 1979[11]. Le Conseil de la langue française est en train actuellement d'opérer une mise à jour en se servant des mêmes repères et des mêmes instruments. Mais, en attendant, «un fait a été unanimement souligné par les personnes consultées»: ces dernières années «ont marqué une réelle progression du français dans les milieux de travail[12]». Cela est dû en bonne partie à la francisation du fonctionnement interne des entreprises (aussi bien dans leur «appareil documentaire» que dans leurs communications), à la diffusion de la terminologie française dans tous les secteurs de travail et sans aucun doute à la présence accrue des francophones, puisqu'on a remarqué que celle-ci entraînait toujours un usage accru du français (voir tableau 5).

La langue de travail

TABLEAU 5
Les progrès du français comme langue de travail

Travailleurs francophones utilisant...	%	1971	1979	1983
... à peu près uniquement le français (ensemble du Québec)	75 70 65	(66,2)	(69,4)	(70,3)
... à peu près uniquement le français (Montréal métropolitain)	60 55 50	(48,0)	(54,9)	(56,6)
... les deux langues (Montréal métropolitain)	45 40 35	(46,7)	(39,8)	(38,9)
... les deux langues (ensemble du Québec)	30 25	(30,9)	(27,8)	(27,1)

L'usage du français au travail a donc tendance à augmenter légèrement et lentement. Cette augmentation est plus sensible dans la région de Montréal.

On note également une progression de l'usage du français dans les communications écrites et verbales des francophones qui ne travaillent pas uniquement en français. Mais, dans les communications verbales entre francophones et anglophones, l'anglais demeure plus utilisé que le français.

Source: Daniel Monnier, *L'usage du français au travail*, CLF, 1983, p. 36-37; *La situation de la langue française au Québec, Statistiques récentes*, CLF, 1984, p. 19.

Mais, pour être réaliste, il faut tempérer tout ce que nous venons de dire sur les progrès généraux de la francisation des entreprises.

En premier lieu, il faut se rappeler que seules les entreprises employant 50 travailleurs ou plus doivent appliquer un programme de francisation approuvé par l'OLF. Or, les entreprises qui ne sont pas touchées par l'Office représentent plus de la moitié des travailleurs du Québec (voir tableau 6). C'est à dessein que le législateur, en 1977, les avait laissées de côté, sachant que, dans un premier temps, la francisation des grandes entreprises et des PME occuperait toutes les énergies. Après dix ans d'application de la Loi 101, ne pourrait-on pas maintenant songer à la francisation des petites entreprises?

TABLEAU 6
**La francisation des entreprises
(répartition approximative selon le nombre
de travailleurs,
excluant l'administration publique)**

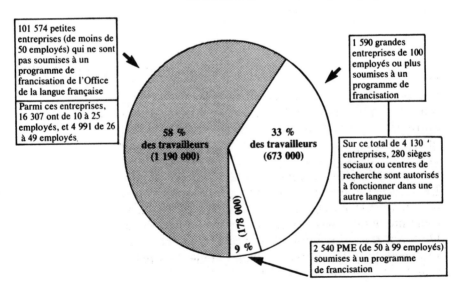

101 574 petites entreprises (de moins de 50 employés) qui ne sont pas soumises à un programme de francisation de l'Office de la langue française

Parmi ces entreprises, 16 307 ont de 10 à 25 employés, et 4 991 de 26 à 49 employés.

58 %
des travailleurs
(1 190 000)

33 %
des travailleurs
(673 000)

9 %
(178 000)

1 590 grandes entreprises de 100 employés ou plus soumises à un programme de francisation

Sur ce total de 4 130 ' entreprises, 280 sièges sociaux ou centres de recherche sont autorisés à fonctionner dans une autre langue

2 540 PME (de 50 à 99 employés) soumises à un programme de francisation

86

Donc, en vertu de la Loi, des milliers de petites entreprises (qui représentent plus de la moitié des travailleurs du Québec) ne sont pas soumises actuellement à un programme de francisation.

État d'avancement de la francisation des entreprises touchées par l'OLF (1987)

Grandes entreprises   *PME*

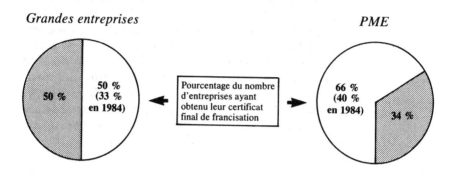

Au total, 60 % des entreprises (soit 2 469) ont obtenu leur certificat final de francisation. Parmi celles qui restent, la majorité appliquent actuellement un programme de francisation en vue d'obtenir leur certificat. Un petit pourcentage d'entreprises en sont encore au stade de la négociation avec l'OLF.

Source: Office de la langue française, Direction des programmes de francisation, décembre 1987.

Mais il faut s'assurer d'abord que les entreprises dont l'Office a approuvé les programmes ont vraiment atteint leurs objectifs de francisation. Ce qui n'est pas le cas actuellement. À peine 60 % de ces entreprises possèdent leur certificat final attestant que la langue française a atteint, chez elles, le statut et le degré d'usage généralisé prévus par la Loi (voir tableau 6). La francisation n'est donc pas terminée. Le sera-t-elle jamais d'ailleurs? Une entreprise est un organisme changeant et mouvant, soumis à la dynamique des marchés et à une rude concurrence. On a remarqué, au cours des dernières années, que l'introduction des nouvelles technologies, en particulier de l'informatique, au sein des entreprises,

Francisation non terminée

87

parce qu'elle s'accompagne généralement d'un usage accru de l'anglais, pouvait compromettre les acquis de la francisation. Quel sens réel et quelle portée peut-on donner alors à ce qu'on appelle un «certificat *final* de francisation»?

D'ailleurs, ce serait se leurrer de croire que ce «certificat final» délivré par l'Office atteste que le français est utilisé à cent pour cent au sein d'une entreprise. Le pourcentage d'usage réel du français peut varier considérablement d'une entreprise à l'autre et se situer bien au-dessous de 100 %.

Dans sa version initiale, la Loi 101 avait fixé au 31 décembre 1983 la date à laquelle les entreprises devaient posséder leur certificat de francisation (article 136). Un délai de six ans, cela est suffisant pour enclencher bien des changements, mais c'est trop court pour les implanter de façon définitive et pour «fonder» de façon durable des habitudes et des façons de faire nouvelles sur le plan linguistique.

Résistances à la francisation   Si on voulait faire état rapidement des difficultés et des résistances auxquelles se heurte la francisation, on pourrait les regrouper sous trois catégories: difficultés d'ordre économique, d'ordre fonctionnel et d'ordre psychologique. On se reportera au tableau 7 pour avoir une vue d'ensemble. Chacun des facteurs mentionnés dans ce tableau mériterait d'être commenté, ce qu'il n'est pas possible de faire ici. On aura compris cependant que les principales difficultés sont reliées à des questions de fonctionnement et d'attitudes, et qu'on pourrait même, à la longue, surmonter les problèmes de fonctionnement si la volonté de franciser était fortement présente.

Dans son rapport sur «Les enjeux actuels de la francisation des entreprises» (p. 62), d'où sont tirés les éléments du tableau 7, le CLF conclut que, dans la majorité des entreprises, la volonté de franciser consiste à s'en tenir à la lettre de la Loi sans trop s'engager.

TABLEAU 7
Causes des délais, difficultés ou résistances dans la francisation des entreprises

Causes d'ordre économique:

— Coût de la traduction et des démarches reliées à la francisation (coût cependant minime, égal à ⅕ de 1% du PIB)
— Rapport prohibitif entre traduction et longévité des logiciels
— Besoins linguistiques nombreux
— Crise économique des années 80

Causes d'ordre fonctionnel:

— Appartenance linguistique du propriétaire, des fournisseurs, des clientèles
— Évolution et restructuration des entreprises
— Ouverture aux marchés extérieurs; bilinguisation des cadres
— Implantation des nouvelles technologies entraînant l'usage de l'anglais
— Les comités de francisation ont généralement mal fonctionné
— L'OLF a privilégié les relations avec les dirigeants de l'entreprise (plus qu'avec les travailleurs)
— Faible participation des travailleurs au processus de francisation
— Travailleurs mal informés de la Loi
— «Approche» parfois trop bureaucratique ou «normative» de l'OLF
— Manque de rigueur de certaines entreprises
— Double rôle de l'OLF, à la fois «contrôleur» et «conseiller»
— Qualité variable des relations entre les entreprises et l'OLF
— Contexte et fonctionnement particuliers à chaque entreprise
— Ententes particulières possibles avec l'OLF pour fonctionner dans une autre langue
— Terminologie parfois théorique ou peu adaptée de l'OLF

Causes d'ordre psychologique:

— Résistance plus forte dans les PME (ex.: secteurs de l'aéronautique, du textile ou du vêtement)
— Les cadres de l'entreprise considèrent souvent la francisation comme une simple opération administrative
— L'OLF n'a pas toujours fait preuve de fermeté pour les échéances
— Degré de volonté ou de collaboration très variable d'une entreprise à l'autre
— Les travailleurs non syndiqués revendiquent moins
— Habitués aux termes anglais, les travailleurs francophones résistent à la terminologie française
— La francisation fléchit dès que la volonté gouvernementale a l'air de fléchir

89

Ces constats ne doivent pourtant pas nous faire perdre de vue les progrès accomplis. Certes, il reste encore beaucoup à réaliser au chapitre de la francisation des entreprises, toutefois, la Charte de la langue française a instauré une dynamique qui a eu ses effets, mais qu'il faut relancer et soutenir constamment.

Être servi en français: «normal et habituel»?

Enfin, la Charte de la Langue française a été visiblement efficace dans la francisation du «visage» québécois. Certes, il reste des milliers de petits commerces qui ne sont pas tenus de se soumettre à la règle de l'unilinguisme français dans l'affichage. Mais pour qui a connu le Québec des années 1960, la francisation du paysage est évidente, et le français a réussi à s'imposer de façon quasi universelle dans les raisons sociales, sur les grands panneaux-réclame, les enseignes des magasins, les affiches publicitaires et commerciales et les panneaux de signalisation. La grande majorité des produits offerts au Québec comportent maintenant une présentation en français, aussi bien dans l'étiquetage que dans les catalogues et les dépliants publicitaires[13].

Que ce soit au chapitre de l'affichage ou des services aux consommateurs, il existe toujours, bien sûr, selon les fluctuations de la vigilance des citoyens ou de l'État, des retours périodiques plus ou moins marqués de l'anglais, comme on le voit actuellement. Si la situation d'ensemble accuse des progrès par rapport à 1977, il semble qu'on assiste aujourd'hui à un certain recul. Mais la clientèle francophone, consciente des progrès réalisés, reconnaît qu'elle réussit mieux qu'il y a dix ans à se faire aborder et servir en français dans les restaurants, les hôtels, les grands magasins, les services municipaux et hospitaliers et les moyens de transport public[14].

De majoritaires à minoritaires

Pour rendre compte des effets de la Loi 101, il ne suffit pourtant pas de relever, en les constatant ou en les mesurant, les progrès accomplis par la langue française dans les divers domaines touchés par la Loi. Une législation linguistique de cette importance constitue également un nouvel aménagement social et elle entraîne, chez les individus et chez les groupes, d'importantes modifications d'attitudes et de perceptions.

En voulant donner au français et aux francophones la première place partout, la Loi 101 a provoqué, chez les anglophones, une prise de conscience de leur nouveau statut de minoritaires et les a forcés a redéfinir et à accepter, pour leur propre survie, leur nouvelle place au sein de la société québécoise[15]. Quelques-uns, dont l'appartenance culturelle, économique et politique était plutôt ailleurs, quittèrent le Québec. Ceux qui restèrent avaient sans doute compris non seulement que la Loi 101 ne leur enlevait ni leurs institutions d'enseignement, ni leurs organismes culturels, ni leur langue, mais qu'ils formaient toujours la minorité linguistiquement la plus avantagée de toutes les provinces canadiennes. À partir de ce moment, ils furent beaucoup plus nombreux à apprendre le français et, pour la première fois dans l'histoire du Québec, le fardeau du bilinguisme commença d'incomber à la minorité, comme cela est normal, plutôt qu'à la majorité.

Les immigrants et les membres des communautés culturelles, secoués eux aussi par la Loi 101, furent forcés de prendre position. Ainsi fut ébranlée dans leur esprit l'idée d'un Québec bilingue où l'on choisit sa langue et où l'on vient pour s'intégrer à l'Amérique anglophone. Tout en leur donnant la liberté de développer leur langue d'origine, de la transmettre à leurs enfants et de l'utiliser dans les activités culturelles, religieuses ou humanitaires de leurs

91

communautés respectives, la Loi 101 ne leur laissait qu'un choix: celui de s'intégrer à la société québécoise et d'accorder à la langue française, langue officielle et langue commune de tous les Québécois, la primauté qu'ils n'avaient pas toujours su lui accorder jusqu'ici.

La fierté francophone

Quant aux francophones, un des effets majeurs qui permettent de conclure à l'efficacité de la Charte de la langue française, et qui n'est pas le moindre, c'est celui d'avoir enfin valorisé la langue française à leurs propres yeux et de leur avoir donné, le plus légitimement du monde, le droit d'en faire usage partout, sans avoir à le demander. Le Québécois francophone d'aujourd'hui jouit donc d'un avantage appréciable par rapport à celui d'il y a dix ans: il est désormais en position de confiance et de sécurité: il sait qu'il possède maintenant un droit réel au respect de sa langue et de son identité. En plus de lui conférer une certaine assurance, cette reconnaissance officielle de sa langue fait naître chez lui un sentiment nouveau de fierté et l'amène progressivement à découvrir la capacité inouïe de la langue française d'exprimer les mille réalités de la vie contemporaine.

La paix sociale

Enfin, au-delà de ces changements d'attitude, il faut porter au crédit de la Charte de la langue française et de ceux qui ont présidé à son application le miracle d'avoir su concilier dans un même dessein la poursuite de transformations majeures avec la préservation de la paix sociale, ce que les Lois 63 et 22 n'avaient pas réussi à faire. Combien de fois, à l'occasion de conférences ou de rencontres, n'a-t-on pas entendu des visiteurs (américains ou européens) s'étonner et s'émerveiller qu'une pièce de législation aussi forte, dans un domaine aussi «inflammable», ait pu être mise en œuvre avec autant de civilité et de succès, malgré les résistances exprimées! Cela est dû à bien des facteurs et, pour une bonne part, à une application presque toujours équilibrée de la Loi.

Mais, pour ne parler ici que de la Charte elle-même, disons au moins que ses objectifs étaient clairement exprimés, que son style n'avait rien de blessant et que son contenu était raisonnable. Certes, la Loi 101 avait bénéficié du cheminement de deux législations antérieures. Mais, le gouvernement avait pris le temps d'en exposer clairement et d'en discuter publiquement les objectifs au moyen d'un Livre blanc. De plus, la Charte de la langue française est écrite de façon «positive» et dégagée. On n'y retrouve ni complication, ni surcharge, ni accumulation d'interdictions comme dans certaines lois inspirées du *common law*. Personne n'y est pointé du doigt à titre de coupable désigné. On voit tout de suite que cette loi n'a pas été écrite pour proscrire l'anglais ou les autres langues mais, de façon positive, pour promouvoir le français dans tous les domaines.

Enfin, elle est conçue de façon raisonnable. Elle a recours à des critères précis, opérationnels, comme dans le cas de la langue d'enseignement. Elle n'exige qu'exceptionnellement l'emploi exclusif du français (par exemple, dans l'affichage et la signalisation routière). En général, elle permet l'usage d'autres langues à côté du français. Et elle reconnaît à la minorité historique (anglophone) du Québec des privilèges particuliers (comme l'éducation en anglais). On comprend donc que, dans l'ensemble, la majorité des Québécois de toutes langues aient saisi et reconnu à la fois la légitimité et le caractère positif de cette démarche législative, puisqu'ils reconnaissent d'ailleurs majoritairement qu'il était temps pour le gou-

Une loi raisonnable

93

vernement de permettre enfin aux Québécois de travailler et de vivre en français.

Une étoffe qui respire

Nous pouvons conclure ce chapitre en disant que la Charte de la langue française a atteint une grande partie de ses objectifs, mais, compte tenu des réserves que nous avons faites, nous ne pouvons pas conclure qu'elle les a réalisés pleinement. Nous verrons, au chapitre suivant, que la Loi 101 a été soumise à des attaques répétées qui l'ont aussi empêchée de donner le plein effet de ses mesures. Mais, indépendamment de cela, et pour satisfaire les esprits les plus friands de chiffres, dirons-nous qu'elle a porté fruit à 50 %, à 60 % ou à 80 %? Rien de plus ambigu que cette évaluation mathématique globale, dans un domaine aussi complexe et aussi diversifié, où l'instauration même des changements est souvent plus significative que la somme des premiers résultats obtenus.

Que signifie d'ailleurs, dans le cas de la Loi 101, «atteindre pleinement ses objectifs»? Doit-on s'attendre à ce que tout le monde, au Québec, parle français en toute circonstance? que toutes les entreprises soient soumises à un contrôle serré de l'Office? qu'on n'ait plus sous les yeux que du français partout et toujours? Ceux qui ont lu la Loi 101 — et ce n'est pas la majorité des Québécois[16] — savent bien que tel n'était pas l'objectif poursuivi. La Charte de la langue française n'a pas été tissée comme un tricot serré ou une camisole de force. Comme toute grande loi démocratique destinée à amener des virages sociaux importants et des changements d'attitude profonds, elle a été fabriquée d'une étoffe qui respire et qui laisse passer entre ses mailles l'oxygène de la tolérance. Face aux objectifs qu'elle poursuit, certains pourraient même reprocher à la Loi 101 d'être

94

trop permissive, à cause surtout du nombre d'exceptions qu'elle autorise, ouvrant ainsi la porte à un multilinguisme de fait dans bien des secteurs.

Le français est devenu la langue officielle et la langue de l'État. Les immigrants fréquentent désormais l'école française. Les francophones ont conquis leur place dans l'économie québécoise. Les Québécois réussissent de plus en plus à travailler et à se faire servir en français. Ces affirmations, qui ne peuvent être absolues, sont pourtant vraies. Par-dessus tout, la Charte de la langue française a eu un effet d'entraînement considérable pour changer les situations et les attitudes linguistiques. Mais la francisation est loin d'être terminée et les effets de la francisation ne sont pas irréversibles. Il faudra un effort constant, une vigilance soutenue et une volonté politique plus assurée pour que le français devienne vraiment, au Québec, la langue normale et habituelle du travail, des communications, du commerce et des affaires.

1. Pour l'ensemble de ce chapitre, on consultera les Actes du congrès «Langue et société au Québec», Québec, Conseil de la langue française, 1984 (t. I, *Les activités socio-économiques*; t. II, *Le statut culturel du français*; t. III, *Les oeuvres de création*; t. IV, *L'éducation*). À l'occasion de ce congrès, 245 conférenciers et spécialistes ont fait le point sur l'évolution de la situation de la langue française au Québec et sur le nouvel environnement créé par la Loi 101.

2. Claude St-Germain, *La situation linguistique dans les écoles primaires et secondaires (1971-1972 à 1978-1979)*, Conseil de la langue française, 1980, p. 87.

3. Michel Paillé, «La Charte de la langue française et l'école; Bilan et orientations démographiques», *L'état de la langue française au Québec*, Conseil de la langue française, 1986, t. I, p. 72.

4. *Ibid.*, p. 72.

Notes

5. M. Paillé, *Aspects de l'évolution de la situation linguistique au Québec*, CLF, Notes et documents, n° 52, 1986, p. 45-46; Ministère de l'Éducation, données informatisées.

6. M. Paillé, *L'état de la langue française au Québec*, *op. cit.*, p. 78.

7. Voir les études publiées en 1987 sur cette question par le Conseil de la langue française (*Dossiers* du CLF, numéros 25, 26, 29 et 30; *Notes et documents*, n° 64); Mireille Ferland et Guy Rocher, *Perceptions, jugements et suggestions des intervenants relativement à l'insertion d'élèves non francophones dans les écoles primaires de l'Île de Montréal*, Université de Montréal, Centre de recherche en droit public, janvier 1987.

8. Guy Rocher, «L'évolution récente de la politique de la langue dans l'administration publique québécoise», *Actes du colloque «La qualité de la langue... après la Loi 101»*, CLF, 1980, p. 98-106.

9. Office de la langue française, Direction des programmes de francisation, décembre 1987.

10. On consultera les rapports ou les documents publiés par le Conseil de la langue française, l'Office de la langue française, le Centre de linguistique de l'entreprise, l'Association des conseils en francisation (en gestion linguistique) du Québec; Voir notamment: «Les enjeux actuels de la francisation des entreprises», rapport du CLF, 1986.

11. Daniel Monnier, *L'usage du français au travail*, Québec, CLF, 1983; *La situation de la langue française au Québec, statistiques récentes*, CLF, 1984.

12. Avis du CLF sur «L'état de la francisation des entreprises», 3 octobre 1986, p. 3.

13. Michel Plourde, *La langue française au Québec*, CLF, 1985, p. 79-80.

14. Pierre Bouchard et Sylvie Beauchamp-Achim, *Le français, langue des commerces et des services publics*, CLF, 1980; D. Monnier, *La situation de la langue...*, *op. cit.*

15. Gary Caldwell et Eric Waddell, *Les anglophones du Québec, de majoritaires à minoritaires*, Québec, Institut québécois de recherche sur la culture, 1982.

16. Sondage sur *La connaissance de certaines dispositions de la Loi 101*, Sondagex-CLF, 1983.

5

... ou un fromage de gruyère?
Les revers de la Charte
depuis dix ans

La Charte de la langue française n'est pas «tricotée serrée». Son tissu est assez ferme pour avoir été efficace, mais, en réalité, n'en laisse-t-il pas trop passer entre ses mailles? Et, à force de tirer sur la Loi 101 à boulets rouges, ses ennemis ne l'ont-ils pas transformée en fromage de gruyère?

À la rigueur, si deux ou trois langues réussissent à se partager «l'espace intérieur» d'un individu, il n'en va pas ainsi d'un territoire, où la coexistence des langues n'apparaît pas comme un état normal. Plus souvent qu'autrement, à moins de diviser le territoire, comme l'a fait la Belgique, une langue cherchera à l'emporter sur l'autre, et l'autre perdra du terrain. Sur un même territoire, une langue, pour être forte, a besoin que les autres le soient moins qu'elle. Il y a quelques années, l'anglais était fort au Québec et la majorité francophone revendiquait à juste titre! Aujourd'hui, c'est le français qui prime et la minorité anglophone s'en plaint! Rien de moins étonnant! On ne peut pas donner toute sa place au français et en même temps garder toute sa place à

97

l'anglais! La majorité doit savoir ce qu'elle veut et on pourrait s'attendre à ce que la minorité se contente de ce qu'elle a, surtout quand elle a plus que toutes les minorités du pays!

Les premières attaques

Mais personne n'aime se faire enlever ce qu'il a, même si ce qu'il a n'est pas un droit acquis. Dès le lendemain de l'adoption de la Loi 101, le Protestant School Board of Greater Montreal défiait la Loi en paroles et *The Gazette* titrait «Lawyers aim legal guns at Bill 101», ou encore «Does it justify civil disobediance?» Seulement, les anglophones s'apercevaient bien que le gouvernement était en position de force et qu'il n'avait pas eu besoin d'eux pour se faire élire. Ils calculèrent prudemment leur réaction et n'osèrent pas braver le gouvernement, surtout que des groupes comme la Fédération des associations italiennes exprimèrent leur intention de respecter la Loi.

Il restait aux anglophones la voie des tribunaux. Ils se mirent à scruter la Loi et à soupeser leurs chances. Dès le 15 septembre 1977 *The Gazette* concluait: «Very little of Bill 101 will be found ultra vires». Mais, au fil des ans, l'opposition de la communauté anglophone, au début dispersée et prudente, se raffermit et s'enhardit. Elle sut profiter au maximum de facteurs qui arrivaient à point nommé pour la soutenir, comme la création de l'association Alliance Québec subventionnée par Ottawa pour la défense de la minorité anglophone, l'entrée en vigueur de la Loi constitutionnelle de 1982 et aussi le fléchissement de la volonté politique du gouvernement.

Comment découdre un chef-d'œuvre

C'est ainsi qu'au cours des dix années qui ont suivi l'adoption de la Loi 101, sept jugements principaux sont venus ponctuer l'existence de la Charte et affaiblir sa portée[1].

Ces jugements se situent à différentes instances et n'ont pas tous la même portée. Disons qu'on a trouvé trois façons principales d'affaiblir la Loi 101: soit en l'interprétant de façon défavorable, soit en déclarant qu'elle va à l'encontre de la Constitution, soit en jugeant qu'elle brime des droits individuels.

Il est arrivé à quelques reprises que les tribunaux, guidés par des concepts juridiques beaucoup plus que par les objectifs de la Loi, ont interprété la Charte de la langue française d'une façon défavorable. Ainsi, par exemple, la Cour d'appel, en mars 1984, dans l'affaire Miriam, statuait qu'un employeur n'est obligé d'utiliser le français dans ses communications que lorsqu'il s'adresse à l'ensemble de son personnel et non à chacun de ses employés. Cette interprétation risque de dénaturer l'article 41 de la Charte, qui n'a manifestement pas pour objectif de permettre éventuellement à un employeur de communiquer en anglais avec un employé francophone: cela irait à l'encontre des droits linguistiques fondamentaux énumérés au chapitre II de la Charte! Ainsi, également, en août 1983, la Cour supérieure, dans l'affaire Sutton, décrétait qu'un patient qui désire obtenir d'un professionnel un rapport médical en français, doit en faire la demande avant que celui-ci ne le rédige. Cette interprétation venait affaiblir en quelque sorte le droit fondamental des Québécois d'être servis en français (article 5 de la Charte). Comme l'objectif de la Charte était de faire du français «la langue normale et habituelle» des communications, il eût été plus légitime d'exiger qu'un Québécois voulant un rapport *dans une autre langue que*

Interprétation de la Charte

99

le français en fasse la demande avant qu'il ne soit rédigé.

À mon avis, ces interprétations défavorables sont dues à la fois à la faiblesse des tribunaux et à la faiblesse de la Loi. Nos tribunaux interprètent la Charte de la langue française comme une loi pénale, et notre droit pénal est d'inspiration britannique: pour décider qu'il y a infraction, il faut pouvoir se fonder sur un article de loi qui établisse clairement le coupable et l'objet de la faute. Or, la Loi 101 est écrite selon un style législatif français. Les droits linguistiques fondamentaux énoncés au chapitre II étaient considérés, dans l'opinion publique, comme des garanties intangibles que venait consacrer le caractère solennel de «charte». Mais, en réalité, pour les tribunaux, ces droits linguistiques fondamentaux n'étaient que des déclarations solennelles, sans effet exécutoire. Ainsi, à leurs yeux, la Loi n'aurait pas dû se contenter de dire que «les consommateurs de biens ou de services ont le droit d'être servis en français»; il aurait fallu qu'elle ajoute des articles spécifiques pour obliger, par exemple, sous peine de contravention, le propriétaire d'un magasin ou les vendeurs à servir effectivement les clients en français.

De ce point de vue, on peut affirmer que la Charte de la langue française n'a pas toujours les dents qu'il faut pour garantir efficacement aux travailleurs et aux consommateurs le droit à l'usage du français ou aux services en français. C'est ce qui a fait dire à certains qu'il y a des trous dans la Loi 101...

Les barrages de la Constitution

D'autres jugements, à portée plus vaste, sont venus pratiquer des brèches encore plus larges dans le tissu de la Loi 101. Il s'agit en particulier des jugements de la Cour suprême de décembre 1979 et de juillet 1984. Le premier jugement déclarait inconstitutionnel le chapitre III de la Charte de la langue française portant sur la langue de la législation et de la justice. On se souvient que le gouvernement du Parti québécois avait voulu faire une percée «historique» en cherchant à soustraire le Québec à l'obligation qui lui avait été faite par la Constitution de 1867 de pratiquer le bilinguisme dans les lois et les tribunaux, alors que les autres provinces n'avaient jamais été soumises à cette obligation et que le Manitoba s'y dérobait depuis 1890. Du même souffle, la Cour suprême obligeait rétroactivement le Manitoba à traduire toutes ses lois et forçait le Québec à se conformer à l'article 133 de la Constitution en rédigeant et en adoptant toutes ses lois en français et en anglais, et en donnant à toute personne le droit d'utiliser le français ou l'anglais devant les tribunaux. C'était un dur coup porté à la Charte de la langue française, qui avait justement été conçue pour enrayer le bilinguisme institutionnel.

Les révélations de la Cour suprême

Le contenu du second jugement a fait couler beaucoup d'encre. Comme dans le premier cas, il s'agissait d'un affrontement entre la vision québécoise et la vision canadienne des choses. En juillet 1984, la Cour suprême venait confirmer les décisions de la Cour supérieure et de la Cour d'appel, et rendait inopérant le chapitre VIII de la Loi 101 sur la langue de l'enseignement pour autant qu'il était incompatible avec l'article 23 de la nouvelle Loi constitutionnelle de 1982. Ce jugement substituait la «clause Canada» à la «clause Québec» de la Loi 101, c'est-à-dire qu'il permettait désormais l'accès à l'école anglaise aux enfants des parents qui avaient reçu leur instruction primaire en anglais n'importe où au Canada, et non seulement au Québec. Il permettait aussi l'accès à l'école anglaise aux frères et sœurs d'un enfant qui a reçu ou reçoit son instruction primaire ou secondaire en anglais n'importe où au Canada, de même qu'aux enfants de parents dont la langue maternelle est l'anglais (cette dernière clause ne s'applique pas actuellement au Québec).

Les juges de la Cour suprême ont reconnu que l'article 23 de la Loi constitutionnelle de 1982 avait été expressément rédigé par le législateur fédéral afin de contrer les dispositions de la Loi 101 du Québec relatives à la langue d'enseignement. Ils ont reconnu en même temps que le Québec, en légiférant en matière de langue, usait de son droit légitime. C'était donc affirmer clairement que cet article de la nouvelle Constitution canadienne, à laquelle le Québec n'avait pas adhéré, avait été spécifiquement conçu pour invalider après coup un chapitre de la Loi 101 qui pendant sept ans avait été légal et légitime! Ainsi le légal venait de l'emporter sur le légitime.

La guerre des Chartes

Le jugement
Dugas

Enfin, la Charte de la langue française a été affectée, jusqu'à un certain point, par une troisième catégorie de jugements touchant les droits individuels. En mars 1982, l'article 58 de la Charte fut attaqué en Cour supérieure (dans l'affaire Devine) sous le prétexte que l'unilinguisme français imposé par la Loi dans l'affichage public brimait la liberté d'expression. Mais le juge Dugas ne donna pas raison à l'intimé: «La liberté d'expression, écrit-il, ne comprend pas la liberté de choisir la langue d'affi-

102

chage». Cependant, en décembre 1984 (dans l'affaire Brown *et al.*), le juge Boudreault de la même Cour supérieure déclarait exactement le contraire.

Ce jugement fut porté en appel et, en décembre 1986, le juge Bisson de la Cour d'appel donnait raison aux intimés. D'abord, il repousse du revers de la main quelque trois cents pages de documents et vingt-cinq pages d'argumentation présentés à la Cour par le gouvernement du Québec. Cette argumentation, basée sur des données et des statistiques vérifiées, visait à montrer comment le développement et l'épanouissement de la langue française au Québec, compte tenu du contexte canadien et nord-américain, ont besoin d'être soutenus par des dispositions comme celles de l'article 58 sur l'unilinguisme français dans l'affichage. L'argumentation démontrait que ces dispositions peuvent être considérées comme raisonnables dans une société démocratique et, par conséquent, compatibles avec l'article 1 de la Charte canadienne des droits. Elle démontrait aussi que l'importance de ces dispositions, pour la survie du Québec et le bien-être général des Québécois, est telle que les autres droits fondamentaux doivent s'exercer dans le respect de ces dispositions, lesquelles, par conséquent, sont justifiées par l'article 9.1 de la Charte québécoise des droits.

Le juge ne retient aucun de ces arguments. Il dispose en une seule page des trois cents pages de documents; il déclare péremptoirement que le moyen choisi par la Charte de la langue française est disproportionné par rapport à l'objectif poursuivi; il considère, en vertu d'on ne sait quel raisonnement, que l'article 58 de la Loi 101 constitue une «négation pure et simple de la liberté d'expression», et non pas simplement une limitation de cette liberté; et, sans s'étendre davantage, il déclare qu'il n'a «aucune peine à conclure qu'il n'y a pas lieu à l'application de l'article 9.1»...

Le jugement Bisson

103

Finalement, allant à l'encontre des arrêts prononcés par la Cour européenne des droits de l'homme, le juge Bisson conclut, pour sa part, que la liberté d'expression reconnue par la Charte québécoise des droits et libertés comprend la liberté d'utiliser la langue de son choix. Le juge conclut également que la liberté d'expression englobe le discours commercial, bien que ce point de vue ne soit pas étayé par la jurisprudence canadienne et qu'il soit loin de faire l'unanimité aux États-Unis.

Le gouvernement du Québec a donc décidé d'en appeler de ce jugement devant la Cour suprême du Canada, à cause de l'importance des principes en jeu. Le jugement de la Cour suprême est attendu incessamment. Mais l'effet négatif du jugement de la Cour d'appel demeure tout de même. Même si le gouvernement de Robert Bourassa considère que, en attendant, on doit continuer d'appliquer intégralement la Loi 101, le résultat net est que la Loi 101 a encore été affaiblie dans l'opinion publique et, jusqu'à un certain point, dans la détermination avec laquelle on l'applique.

Les «trous» de la Loi 101

Disons, pour conclure ce chapitre, qu'on n'a pas tort de comparer la Charte de la langue française à un fromage de gruyère. Elle comporte des «trous» plus ou moins gros qui risquent, à la longue, de laisser se perdre la force et la cohésion du projet qui voulait donner à la langue française une place indiscutable. Ces trous, c'est d'abord l'absence, dans la Loi, d'articles exécutoires capables de garantir efficacement aux Québécois le droit à l'usage du français en toute circonstance. Ce sont aussi les brèches pratiquées après coup par l'article 23 de la nouvelle Constitution canadienne de 1982, adoptée sans le consentement du Québec. C'est enfin la percée opérée par les droits individuels, auxquels les tribunaux ont eu tendance à accorder une extension illimitée qui ne tient pas compte des valeurs démocratiques ni des droits collectifs. Ces deux dernières expressions résument tout le problème. Une enclave humaine à 83 % francophone, mais complètement entourée d'une autre langue, a-t-elle le droit, légitimement, pourvu que soit sauvegardé le respect des autres, de se donner les mesures nécessaires, forcément vigoureuses à cause de son entourage, pour affirmer et perpétuer, clairement et visiblement, son caractère distinct de société française? Si oui, les trois points du diagnostic que nous venons de faire commandent des solutions dans le sens d'un renforcement de la Charte de la langue française.

Dans son *Rapport annuel* de 1984-1985, le président de la Commission de protection de la langue française, Gaston Cholette, démontrait clairement, à l'aide d'exemples tirés des jugements des tribunaux ou de situations vécues portées à la connaissance de la Commission, à quel point certains articles de la Charte de la langue française, tels qu'ils sont rédigés actuellement, sont impuissants à assurer aux travailleurs ou aux consommateurs francophones le respect de leurs droits linguistiques fondamentaux.

Renforcer la Loi 101

Ainsi l'on se retrouve en gros dans la situation qui existait avant l'adoption de lois dans le domaine linguistique lorsqu'il s'agit de faire sanctionner par les tribunaux les violations de la loi. C'est encore sur le francophone, en tant qu'individu, que revient [...] le fardeau de demander, de réclamer, d'exiger d'être respecté dans sa condition de francophone [...]. Ce qui devrait normalement lui être garanti de plein droit par les pouvoirs publics est sujet au contraire à des conditions qui font que dans la plupart des cas il a plutôt intérêt à se taire, à endurer[2].

Il est donc clair que, du point de vue judiciaire, la Charte de la langue française est loin d'avoir la rigueur et l'étanchéité nécessaires pour protéger adéquatement les droits des francophones et qu'en conséquence elle a besoin d'être renforcée.

Mais un renforcement de la Loi ne réglerait pas tout. Aussi longtemps que la Charte de la langue française sera considérée comme une loi ordinaire, plutôt que comme une véritable charte, elle continuera de se heurter aux dispositions des chartes de nature constitutionnelle ou quasi constitutionnelle, comme les chartes canadienne ou québécoise des droits et libertés. C'est pourquoi il faut aussi réclamer pour la langue française des garanties constitutionnelles.

Est-ce bien dans cette direction que nous allons maintenant?

Notes

1. Nous ne parlons ici que des principaux jugements qui ont affecté la Loi 101. Plusieurs autres jugements ont été rendus, dont la plupart étaient destinés à établir si un contrevenant était coupable ou non: plusieurs de ces jugements ont été favorables à la Loi 101.

2. *Rapport annuel*, Commission de protection de la langue française, 1984-1985, p. 31.

6

Dans les eaux du lac Meech

Dépolitiser la langue

Les malheurs qu'a subis la Charte de la langue française sont dus à deux causes principales: la question de la langue est trop politisée et la Charte de la langue française n'est pas une véritable charte.

Il faut «dépolitiser» la langue. Il serait plus juste de dire qu'il faut la «départisaner».

L'arrivée au pouvoir du Parti libéral, en décembre 1985, et les débats qui s'éternisent depuis, au sujet de la Loi 101, montrent clairement ce qu'on avait déjà pressenti à l'annonce d'élections générales au lendemain de la défaite référendaire de 1981: le changement de gouvernement fait constamment renaître l'espoir chez les électeurs anglophones et chez les partisans du bilinguisme, qui n'ont pas encore accepté, dans les faits, le caractère français du Québec. Force est de constater que la question linguistique constitue une «monnaie d'échange» électorale et que, par conséquent, elle est «négociable». Les droits linguistiques fondamentaux des Québécois

Des droits négociables

107

sont ballottés d'une élection à l'autre; le statut de la langue française au Québec et le droit des Québécois à l'usage de leur langue sont soumis aux pressions partisanes et aux fluctuations de la volonté gouvernementale.

Quand le conseil national du Parti québécois, au début d'octobre 1983, adopta une proposition demandant au gouvernement «de ne rien changer d'essentiel à la Loi 101, notamment au niveau de l'affichage», tout le monde comprit que des limites venaient d'être imposées à l'impact de la Commission parlementaire qui suivit... Quand le conseil général du Parti libéral, en juin 1986, se prononça pour l'affichage bilingue avec priorité au français, personne ne fut étonné d'entendre Robert Bourassa déclarer qu'on pouvait amender la Loi 101 «sans mettre en danger la paix sociale»...

Soustraire la langue aux pressions partisanes

Toute pression de nature partisane sur l'évolution de la politique linguistique ou toute tentative d'appropriation du dossier linguistique à des fins partisanes est funeste pour le développement de la langue et doit être condamnée. Certes, la question linguistique est une question *politique*. «Le gouvernement doit veiller de très près au dossier linguistique: le développement du français est exigeant pour tous les Québécois et, dès que la volonté politique fléchit, elle entraîne un relâchement chez plusieurs citoyens. [...] Mais, justement parce que la question linguistique est une question politique, elle ne doit pas être une question *partisane*. La politique relative à la langue est si importante pour le Québec qu'elle doit transcender toutes les formations politiques[1].»

Il est donc important que le gouvernement fasse preuve de clarté et de limpidité dans la gestion du dossier linguistique; qu'il administre celui-ci avec une continuité qui ne soit pas sujette aux changements d'humeur et de saison; et qu'il établisse entre lui-même et les organismes chargés de l'application de la Loi une «distance» qui le mette à l'abri des pressions partisanes. C'est là une des raisons principales qui ont fait avorter le projet de Loi 140, à l'automne 1986, en le rendant suspect aux yeux de la population: le gouvernement avait l'air de vouloir assujettir l'Office et le Conseil de la langue française, en se donnant le droit d'intervenir directement dans les affaires de l'Office et en retirant au Conseil son droit d'informer librement la population.

Une charte qui n'en est pas une

Non seulement faudrait-il soustraire le sort de la langue française aux mouvements du balancier électoral, mais il faudrait aussi le mettre à l'abri des interprétations aléatoires des tribunaux.

On se souvient que, dans l'intention du législateur, la Charte de la langue française devait être un complément à la Charte des droits et libertés de la personne. C'est donc dire l'importance et la valeur que, théoriquement, le législateur lui attachait. Mais, en réalité, il n'a pas su l'enchâsser dans un texte constitutionnel plus permanent — texte que le Québec pourrait fort bien se donner, s'il le voulait, puisqu'il en a le droit — et il n'a pas su non plus (ou pas voulu) lui donner préséance sur les autres lois et lui conférer ainsi une valeur quasi constitutionnelle qui aurait pu la soustraire aux jugements contraires des tribunaux. En réalité, la Charte de la langue française n'est qu'une loi ordinaire...

Soustraire la langue aux tribunaux

Le caractère de «charte» conféré à une loi signifie essentiellement deux choses: d'abord, que cette loi, dans la réalité sociale et politique d'un peuple, a plus d'importance et de signification que les autres et ensuite que, dans le système judiciaire, elle sera plus forte et plus fondamentale que les autres.

109

Or, nous l'avons constaté au chapitre précédent, en analysant les revers de la Charte de la langue française, le gouvernement n'a pas su donner à cette Charte toute la force que méritait son nom. En moins de sept ans, entre 1975 et 1982, le Québec s'est retrouvé aux prises avec trois Chartes qui se «marchaient sur les pieds» : la Charte québécoise de la langue française (1977), la Charte québécoise des droits et libertés (1975) et la Charte canadienne des droits et libertés (1982) qui a été imposée au Québec à l'occasion du rapatriement unilatéral de la Constitution. Or, quelle a été la force réelle de la Charte de la langue française face aux deux autres? Pratiquement nulle.

Québec, société distincte

Un caractère distinct non défini   La nouvelle entente constitutionnelle du lac Meech, ratifiée par l'Assemblée nationale en juin 1987, est-elle venue inscrire la langue française dans un texte inviolable et lui fournir enfin les garanties constitutionnelles qui lui faisaient tant défaut? Il serait présomptueux de l'affirmer. Même si elle reconnaît le caractère distinct de la société québécoise, cette nouvelle entente constitutionnelle ne définit pas ce qui constitue ce caractère distinct. Pour le sociologue Fernand Dumont, une société distincte est «un groupement par référence» et, pour le Québec, «la référence incontestable», «le critère le plus net» est celui de la langue française: «Une chose est certaine, écrit-il: s'il arrivait que nous cessions de parler français au Québec, je ne vois pas sur quels critères la Cour suprême pourrait s'appuyer pour nous reconnaître comme société distincte[2].»

Mais le fait est que le texte final de l'accord constitutionnel proposé au lac Meech ne dit pas du tout ce qu'il faut entendre par «société distincte». «À quoi ce texte engage-t-il au juste? [...] La politique linguistique que nous nous sommes donnée, après

110

avoir été démantelée au nom de la Déclaration fédérale des droits, le sera-t-elle davantage par le recours à pareil énoncé constitutionnel? Il me paraît inconcevable qu'une constitution, dont l'objectif est d'éclairer les citoyens et les législateurs sur leur commune référence, provoque de nouvelles confusions là où il y en a déjà beaucoup [...]. Faute de définir la société distincte, on nous renvoie aux tribunaux[3].»

De plus, dans le texte du lac Meech, l'Assemblée nationale et le gouvernement du Québec se voient octroyer le rôle *de protéger et de promouvoir* ce caractère distinct, mais ils ont aussi le rôle de *protéger la caractéristique fondamentale* d'un Canada bilingue. Si c'est la langue française qui définit le caractère distinct du Québec, alors elle bénéficiera d'une protection *et* d'une promotion. Mais, à n'en pas douter, la langue anglaise jouira aussi d'une protection importante, puisque la dualité linguistique est reconnue comme caractéristique *fondamentale* du Canada, alors que le caractère distinct du Québec ne l'est pas.

Enfin, quel sera l'effet réel de la clause dite de «sauvegarde», que le premier ministre du Québec a fait insérer dans le texte final (alinéa 4)? Cette clause établit peut-être un seuil au-dessous duquel les pouvoirs linguistiques du Québec ne pourront plus descendre. Mais ne fixe-t-elle pas en même temps un plafond au-delà duquel le Québec ne pourra plus aller, soit pour récupérer ce qu'il a déjà perdu, soit pour assurer une présence accrue à la langue française?

On est forcé de constater que l'aménagement juridique auquel le Québec a souscrit pour adhérer à la Constitution ne nous donne pas des garanties solides à propos du statut de la langue française au Québec. Celle-ci pourra-t-elle continuer à être la seule langue officielle du Québec? Pourra-t-on continuer d'exiger uniquement le français dans l'affi-

Pas de garanties solides pour la langue française

ACCORD CONSTITUTIONNEL DU 3 JUIN 1987
(Accord du lac Meech révisé)
Modification constitutionnelle de 1987
Loi constitutionnelle de 1867

1. La *Loi constitutionnelle de 1867* est modifiée par insertion, après l'article 1, de ce qui suit:

RÈGLE INTERPRÉTATIVE

«2.(1) Toute interprétation de la Constitution du Canada doit concorder avec:

a) la reconnaissance de ce que l'existence de Canadiens d'expression française, concentrés au Québec mais présents aussi dans le reste du pays, et de Canadiens d'expression anglaise, concentrés dans le reste du pays mais aussi présents au Québec, constitue une caractéristique fondamentale du Canada;

b) la reconnaissance de ce que le Québec forme au sein du Canada une société distincte.

RÔLE DU PARLEMENT
ET DES LÉGISLATURES

(2) Le Parlement du Canada et les législatures des provinces ont le rôle de protéger la caractéristique fondamentale du Canada visée à l'alinéa (1)a).

RÔLE DE LA LÉGISLATURE
ET DU GOUVERNEMENT DU QUÉBEC

(3) La législature et le gouvernement du Québec ont le rôle de protéger et de promouvoir le caractère distinct du Québec visé à l'alinéa (1)b).

MAINTIEN DES DROITS
DES LÉGISLATURES ET GOUVERNEMENTS

(4) Le présent article n'a pas pour effet de déroger aux pouvoirs, droits ou privilèges du Parlement ou du gouvernement du Canada, ou des législatures ou des gouvernements des provinces, y compris à leurs pouvoirs, droits ou privilèges en matière de langue.»

chage? Certains le prétendent et pensent que l'affirmation du caractère distinct du Québec et la nécessité d'en assurer la protection constitueront une justification valable, au sens de l'article 1 de la Loi constitutionnelle de 1982, pour restreindre l'exercice de certaines autres libertés, par exemple la liberté d'expression dans l'affichage. Mais le principe *fondamental* de la «dualité canadienne ne viendra-t-il pas immédiatement à la rescousse pour faire échec à ces allégations? Et l'article 15 de la Loi constitutionnelle, qui garantit le droit de tous à l'égalité et qui est entré en vigueur il y a tout juste deux ans, ne viendra-t-il pas encore affaiblir les prétentions du Québec à ce chapitre? Comme le remarque si bien José Woehrling, l'application de cet article 15 peut provoquer une certaine «érosion des valeurs et des caractéristiques particulières au Québec» et forcer le Québec à s'aligner sur le reste du Canada.

En effet, si le Québec fait des «choix de société» différents de ceux du reste du Canada, en adoptant des solutions originales pour certains problèmes politiques et sociaux, ne peut-on pas craindre que les différences qui en résulteront entre le statut des Québécois et celui des autres Canadiens soient considérées comme des inégalités incompatibles avec la Charte[4]?

Constitution et constitutions

Par son adhésion à la Constitution canadienne, le Québec nage donc en pleine ambiguïté. Mais alors, pourquoi ne se donne-t-il pas lui-même, puisqu'il en a le droit, sa propre Constitution, qui définirait clairement les implications de cette «société distincte» et qui préciserait le statut et la valeur que le Québec veut accorder à la Charte de la langue française?

Il y a 25 ans, le premier ministre Jean Lesage établit un Comité de la Constitution, qui devint ensuite une Commission de la Constitution. On y discu-

Pour une Constitution québécoise

113

ta de l'expérience des Cantons suisses et des États de l'Union américaine. L'idée d'une Constitution québécoise revint fréquemment entre 1963 et 1969. Le premier ministre Daniel Johnson était d'avis que le Québec n'avait pas à attendre la réforme de la Constitution canadienne pour «refaire sa propre Constitution». Avec une rare unanimité, les parlementaires se prononcèrent [à cette époque] en faveur de l'adoption par le Québec de sa propre Constitution[5].

Il n'en fut pas beaucoup question ces dernières années, puisque cette idée se trouvait en quelque sorte devancée par l'objectif de souveraineté du Parti québécois. Mais, après le référendum de 1980 et le rapatriement constitutionnel de 1981-1982, certains parlementaires et membres du gouvernement y réfléchirent activement. Entre 1983 et 1985, le député David Payne rédigea deux versions d'un projet constitutionnel. Dans une entrevue qu'il accorda au *Devoir* en octobre 1984, Pierre-Marc Johnson parla d'une Constitution québécoise. En 1985, l'ancien vice-premier ministre du Québec, Jacques-Yvan Morin, dans un article fort bien documenté, étudiait la pertinence et le contenu possible d'une Constitution «formelle» pour le Québec[6].

Car, il faut le dire, la Constitution québécoise n'existe actuellement que dans des documents épars: elle est composée de lois, conventions, coutumes et arrêts judiciaires qui n'ont jamais été codifiés ou structurés en un tout hiérarchique donnant supériorité à telle loi sur telle autre. Or, l'article 92 de l'Acte de l'Amérique du Nord britannique (1867) et l'article 45 de la Loi constitutionnelle de 1982 donnent au Québec la compétence voulue pour adopter et modifier sa propre Constitution. Il va sans dire cependant que la Constitution québécoise ne doit pas aller à l'encontre de la Constitution canadienne.

Il ne faut pas considérer l'adoption d'une Constitution québécoise comme un processus magique qui réglerait tous les maux. Il ne faut pas souhaiter non plus une Constitution dont toutes les parties seraient difficilement modifiables. Mais, ceci dit, il y aurait avantage, surtout en matière de langue, à ce que le Québec enchâsse dans une Constitution qui lui soit propre les droits et les garanties auxquels il tient.

Le statut de la langue française pourrait y être consacré, comme langue officielle et langue commune des activités publiques de tous les Québécois. On y inscrirait aussi les droits fondamentaux à l'usage du français, qu'on trouve actuellement énoncés aux articles 2 à 6 de la Charte de la langue française: le droit de recevoir tout texte ou toute communication officielle en français; le droit de s'exprimer en français en assemblée délibérante; le droit de travailler en français et de recevoir en français les communications de son employeur; le droit d'être informé et d'être servi en français partout; le droit de recevoir son enseignement en français. Il faudrait y ajouter le droit pour tout justiciable de recevoir en français les jugements et les pièces de procédure qui le concernent, et aussi le droit, pour toute personne, de recevoir en français, à moins qu'elle le spécifie autrement, tout avis, opinion, rapport, expertise ou autre document d'un professionnel à son sujet. Et comme une constitution est la loi fondamentale d'un État et qu'elle est adoptée solennellement pour garantir son identité, sa protection et son développement, il serait important de spécifier que ces droits sont imprescriptibles; que nul ne peut renoncer à les exercer sans que ce geste soit contraire à l'ordre public; et que l'État s'engage à défendre tout citoyen attaqué dans ses droits.

Contenu linguistique

La Constitution devrait ensuite reconnaître et distinguer les droits linguistiques des autochtones, ceux de la minorité anglophone du Québec, ainsi que les droits fondamentaux et les limites à l'usage facultatif des autres langues. Elle devrait également en-

115

châsser les critères qui définissent le droit d'accès à l'école anglaise et reconnaître à la communauté anglophone le droit de gérer ses propres écoles. Elle devrait enfin expliciter la valeur qu'elle accorde au français dans l'affichage par rapport aux libertés fondamentales.

Finalement, cette Constitution devrait contenir une déclaration expresse relative à la compétence de l'Assemblée nationale en matière de langue sur le territoire du Québec, déclaration qui pourrait être tout à fait compatible avec l'entente du lac Meech, mais beaucoup plus claire qu'elle sur le rôle dévolu à l'Assemblée nationale de «*protéger* et de *promouvoir* le caractère distinct de la société québécoise».

La mesure de notre identité

Les douloureux événements de 1981-1982 nous ont fait prendre la mesure de notre sujétion. Nous partions de très haut. En 1980, le Québec avait failli franchir le seuil de l'autonomie politique complète. Moins de deux ans plus tard, on se passait de lui pour refaire le Canada. En 1987, la faute pourrait sembler réparée, car, après bien des négociations, le Canada a fini par dire oui au Québec. Mais à quel Québec? Des cinq conditions posées par le Québec, la seule qui touchât à notre identité profonde est restée étonnamment floue.

Le temps n'est-il pas venu de préparer l'avenir… et d'autres négociations constitutionnelles? Le temps ne serait-il pas venu de traduire dans un texte fondamental la mesure de notre identité? À cet égard, l'enchâssement des droits linguistiques dans une Constitution québécoise aurait un triple avantage.

Protection accrue … En premier lieu, la constitution est la «loi suprême» d'un État. Elle est au-dessus des autres lois

116

et elle l'emporte sur celles-ci. Elle ne peut pas être changée aussi facilement que les lois ordinaires. Par conséquent, le statut de la langue française et les droits linguistiques fondamentaux seraient désormais protégés contre les modifications «irréfléchies ou intempestives» qui font l'objet des promesses électorales et des tentatives gouvernementales. Il est pensable aussi de rédiger une constitution qui, tout en étant flexible et adaptable à l'évolution de la société, n'aille pas jusqu'à «permettre aux tribunaux de se substituer aux constituants». Cela contribuerait à mettre la langue française à l'abri des attaques judiciaires qui l'ont tant affaiblie ces dernières années. Il est également possible, sans donner une valeur absolue à la langue française, de prévoir et d'aménager l'exercice des libertés fondamentales en fonction de l'importance que la Constitution reconnaîtrait à la langue pour assurer l'ordre public et le bien-être des Québécois. Une constitution aurait donc comme premier avantage de renforcer la protection de la langue française, d'en hiérarchiser l'importance par rapport aux autres valeurs et de la valoriser en la haussant au plus haut niveau comme symbole et véhicule de l'identité québécoise.

Ensuite, la plupart des États fédérés ou des États «membres» se reconnaissent mieux à l'intérieur de leurs propres constitutions que dans la constitution fédérale qui les regroupe. Ce serait un grand pas de franchi que d'affirmer solennellement, avec la participation de la population, ce que nous sommes et ce que nous voulons être. Cela clarifierait les choses pour nous-mêmes d'abord et permettrait de préciser la notion de «société distincte» en lui donnant les résonances concrètes et les références vitales qu'on n'a pas osé lui attribuer au lac Meech. Du même coup, l'Assemblée nationale et le gouvernement se mettraient en position de force, en vue d'éventuelles négociations, pour «réaffirmer les

Position de force

117

principes» et les conditions «qui fondent la participation du Québec à la Fédération» canadienne[7].

Effet pédagogique d'entraînement

Enfin, le troisième avantage d'une constitution québécoise, et non le moindre, serait sa force d'entraînement pédagogique. Une constitution n'est pas seulement le miroir d'une réalité; elle propose à la conscience collective un modèle, un idéal. Elle peut permettre au Québec de progresser, «à condition de proposer un projet de société qui soit perçu comme légitime par la population et d'éviter le dogmatisme qui caractérise nombre de constitutions contemporaines. La seule existence d'une constitution, si elle répond aux besoins et aux aspirations des citoyens, peut être un facteur de «conscientisation» sociale et de réflexion politique[8].» Sous son impulsion, bon nombre de Québécois accepteront qu'on leur rappelle leur obligation de contribuer au développement de la langue française, alors que plusieurs autres, parmi ceux dont les racines québécoises sont moins profondes, seront amenés à comprendre la valeur et le respect qu'il faut accorder aux principaux facteurs qui constituent l'identité québécoise.

Notes

1.   Lettre de 22 universitaires au premier ministre Robert Bourassa, le 2 décembre 1986 (à propos des projets de Loi 140 et 142).

2.   Fernand Dumont, dans *Le Québec et le Lac Meech*, Montréal, Guérin, 1987, p. 139.

3.   F. Dumont, *Ibid.*, p. 139-140.

4.   José Woehrling, dans *Le Québec et le Lac Meech*, *op. cit.*, p. 159.

5.   Jacques-Yvan Morin, «Pour une nouvelle Constitution du Québec», dans la *Revue de droit de McGill*, vol. 30, n° 2, mars 1985, p. 172-220.

6.   J.-Y. Morin, *op. cit.*

7.   *Ibid.*, p. 177.

8.   *Ibid.*, p. 218.

Forcer les portes de l'avenir

Une loi inscrite dans la durée

L'avenir du français au Québec est intimement lié à l'avenir du Québec dans tous les secteurs. Une langue n'avance jamais seule quand elle est l'expression d'une identité, le symbole de valeurs collectives. À l'occasion du dixième anniversaire de la Charte de la langue française, Hal Winter, écrivain et journaliste, disait, à propos de la Loi 101: «Dans l'histoire du Québec, peu de mesures législatives se sont si nettement imposées comme carrefour, point de départ nouveau de la collectivité entière». Et il s'appliquait à montrer, avec une pointe d'ironie, que les effets majeurs de la Loi 101 avaient été plutôt d'ordre social et économique, comme le fait d'avoir «ramené» la paix sociale et, en bouleversant le monde des affaires, d'avoir créé «une ambiance rajeunie, dynamique», responsable du «succès économique du gouvernement actuel[1]».

Tout se tient et la langue peut être un élément moteur fort important dans le développement du Québec. Ce qui frappe, c'est avant tout le caractère positif et dynamique de la démarche de francisation qu'on a pu observer, au cours des dernières années, dans la grande majorité des cas. Malheureusement, ce que retient souvent l'opinion publique, grâce à une publicité bien orchestrée, ce sont les résistances et les cas problèmes, dont le pourcentage est infime.

L'échec des mesures incitatives
Il y a, dans le domaine de la langue, des mythes qui ont la vie dure et qu'il faut crever au passage. Et avant tout, le mythe de l'incitation pure, qui consiste à dire ou à croire qu'il suffirait d'enlever à la langue le corset de la loi pour qu'elle se développe en toute liberté, de façon créatrice. Cette croyance procède d'une vision angélique et peu réaliste des choses.

L'histoire des législations linguistiques québécoises nous montre clairement l'échec des simples mesures incitatives. Ce n'est d'ailleurs pas parce qu'elle est incitative qu'une loi linguistique est mieux acceptée: la Loi 22 a créé des tensions et a été fortement contestée, alors que la Loi 101, en plus d'avoir été efficace, a été très généralement acceptée. Dans un important sondage CROP - *La Presse* effectué auprès des anglophones en mars et en avril 1987, on constate que la majorité des anglophones sont d'accord avec «ce qui s'est fait au Québec au cours des dix dernières années pour améliorer la situation de la langue française[2]».

Une Loi nécessaire, dynamique...
Le Québec a encore besoin — en réalité, il en aura toujours besoin — d'une Charte de la langue française. On peut trouver bien d'autres raisons pour s'en convaincre: situation constitutionnelle; contexte du libre-échange; impact des technologies nouvelles. Mais la première raison, et la plus permanente, est la situation géopolitique et culturelle du Québec au sein du Canada et de l'Amérique. Le Québec a besoin du soutien d'une législation linguistique, tout comme une équipe de compétition a besoin de règles précises et d'un entraînement continu, sous peine de se voir déclasser. Cette législation linguistique n'est pas une «béquille» ni une fermeture au monde; c'est un équipement moderne dont le Québec a besoin pour se donner plus de force et se

120

propulser sur le plan international. Nous avons d'ailleurs montré en quoi et de quelle façon la Charte de la langue française a besoin d'être renforcée pour garantir avec plus d'efficacité aux francophones le respect de leurs droits linguistiques fondamentaux.

Le sociologue Gary Caldwell écrivait, en janvier 1987, que le Québec avait un rôle nécessaire à jouer dans le monde et que ce rôle du «Québec dans le monde passe par la Loi 101[3]» à cause du dynamisme créateur engendré au Québec par la Charte de la langue française.

L'affirmation de la langue française par une loi demeure donc une nécessité pour le Québec. *... et légitime* Comment se fait-il alors que, de façon récurrente, il y ait des personnes, même des Québécois francophones, pour accoler les épithètes de «fasciste» ou de «nazie» à l'entreprise linguistique québécoise, qui a pourtant toujours été modérée et respectueuse des autres? La réalité de l'âme québécoise et sa longue tradition de cohabitation et de respect des autres sont sans commune mesure avec la dynamique de ces modèles appartenant à d'autres pays et à d'autres cultures. Il est facile d'y avoir recours; mais il serait plus juste d'examiner la réalité et de mettre en valeur le traitement généreux que le Québec accorde à sa minorité anglophone depuis toujours et qu'aucune autre province n'arrive à égaler. Le sondage CROP - *La Presse*, que nous avons cité, montre bien d'ailleurs que l'application de la Loi 101 n'a pas été dévastatrice pour les anglophones, qui ont très peu de problèmes à se faire servir dans leur langue et qui, pour la majorité d'entre eux, estiment exercer toujours «passablement» et même «beaucoup» d'influence dans des institutions comme les écoles, les universités, les hôpitaux, les médias et les affaires[4].

Le Québec n'a donc aucune raison de céder au relâchement ou à la complaisance. Il doit savoir à quoi il tient d'abord et s'y tenir clairement.

121

Ces grands pans qui nous échappent

Mais la Loi ne suffit pas pour assurer le développement et le rayonnement de notre langue.

Et d'abord, parce que la Loi ne touche pas à tous les secteurs. Or, les principales menaces à la langue française, dans un avenir prévisible, ne lui viendront probablement pas de l'intérieur du Québec mais de l'extérieur, dans des secteurs extrêmement névralgiques pour son développement et qui échappent actuellement au contrôle de la Loi.

Il faut penser notamment à l'évolution démographique du Québec, à la libre circulation des biens culturels, à la rapidité des communications internationales, au développement des nouvelles technologies, aux pressions de l'économie mondiale, sans parler de l'évolution du droit et de l'importance accrue accordée aux libertés individuelles.

Sous la barre des cinq millions

«La situation démographique actuelle du Québec est sans précédent. Si la fécondité et les mouvements migratoires demeurent ce qu'ils sont, la population du Québec commencera à décliner au début du siècle prochain. Or, [...] rien ne permet d'espérer soit une reprise *spontanée* significative de la fécondité, soit un renversement durable des bilans migratoires[5].» Nous sommes à moins de 15 ans de cette échéance. On prévoit qu'après cela le Québec tombera «sous la barre des 5 millions aux alentours de l'an 2050» et que la population, en plus de diminuer, sera de plus en plus âgée[6].

Sombres perspectives démographiques

Ces perspectives sont plutôt sombres. Ajoutons à cela que, même si le Québec est plus francophone qu'il ne l'était il y a dix ans[7], son poids relatif dans l'ensemble du Canada ne cesse de diminuer[8]. De plus, la force d'attraction de l'anglais demeure telle que, même au Québec, en 1971 comme en 1981, «seul le groupe anglophone a profité de l'assimilation,

122

montrant aux deux recensements un gain d'environ 100 000 nouveaux anglophones[9]». Selon un scénario plausible, si la fécondité demeure très basse, le nombre de Québécois francophones ne serait plus que de 4,8 millions dans 50 ans d'ici[10]. Dans 100 ans, à peine 24 % des Québécois seraient des descendants des Québécois d'aujourd'hui[11]. Le Québec est inquiet à juste titre. Des débats sur l'immigration et la dénatalité ont marqué l'opinion publique au cours de 1987 et le gouvernement a tenu une Commission parlementaire sur l'immigration.

Les solutions ne sont pas faciles à trouver et elles dépassent le champ d'application d'une loi linguistique. Certes, il est possible, pour un pays, d'agir sur son avenir démographique à long terme, au moyen d'une politique familiale incitative ou d'une politique d'accroissement de la population qui respecte tous les intervenants. On peut, à cet égard, demander au gouvernement d'accorder plus de points à la connaissance du français dans la grille de sélection des candidats à l'immigration. Mais, ce qu'il faut faire surtout dans l'immédiat, c'est s'assurer que les anglophones et les allophones du Québec aient le goût de rester au Québec et de participer activement à la construction de son avenir, et leur donner accès à une maîtrise du français qui leur permette d'évoluer avec aisance dans tous les secteurs de la vie québécoise.

Selon un sondage du Conseil de la langue française réalisé en 1985, 59 % des disques et des cassettes achetés par des francophones québécois dans les trois mois précédents étaient en anglais. Chez les 18-30 ans, 64 % des jeunes interrogés consommaient plus de disques et de cassettes en anglais qu'en français. Quatre films sur dix avaient été vus en anglais par des francophones et 30 % des heures d'écoute de la télévision étaient consacrées à des émissions en anglais[12].

Notre état d'immersion permanente

123

Tous les produits culturels américains sont à notre porte et à notre portée, et il suffit d'ouvrir le téléviseur, d'être abonnés à la câblodistribution ou à la télévision payante, pour nous rendre compte immédiatement de notre état d'immersion linguistique et culturelle permanente dans l'univers angloaméricain.

La science et la technologie

Le Québec ne baigne pas uniquement dans la culture, mais aussi dans la science et la technologie nord-américaines. Les entreprises spécialisées dans l'équipement informatique et les instruments scientifiques sont très majoritairement non francophones, et la dépendance du Québec par rapport aux États-Unis est très forte de ce côté[13]. La plupart du temps, l'équipement de haute technologie se présente en anglais et fonctionne en anglais. En vertu de l'article 144 de la Loi 101, l'Office de la langue française a d'ailleurs autorisé un grand nombre de sièges sociaux et de centres de recherche à fonctionner en anglais. On sait également qu'en dehors des sciences humaines la grande majorité des scientifiques francophones des universités et des centres de recherche du Québec, en particulier dans les sciences physiques, mathématiques et médicales, publient de plus en plus en anglais[14]. On peut se demander d'ailleurs dans quelle mesure ce «système» de communications scientifiques en anglais ne sert pas davantage d'autres intérêts que ceux de l'avancement des sciences.

Le territoire médiatique

Louis-Philippe Hébert, directeur de Logidisque, écrivait ceci:

> Notre premier champ d'intervention, c'est notre territoire, notre collectivité. Et les nouveaux territoires ont cessé d'être délimités par des montagnes et des rivières; la nouvelle notion de territoire n'est plus géographique mais *médiatique*.
>
> Si vous saviez à quel point, chaque jour, notre argent (nos taxes, nos économies, notre énergie) sert à fi-

124

nancer aveuglément l'expansion des territoires appartenant aux autres, vous seriez sidérés. Dans le seul domaine du logiciel, des millions de dollars servent chaque jour à accroître directement la productivité des créateurs étrangers[15].

L'avenir de la langue française au Québec peut être sérieusement compromis, si on se contente de «suivre le courant» ou d'opter pour les solutions faciles. Sur les plans culturel, scientifique et technologique, le Québec a le choix entre la servitude volontaire ou la créativité soutenue. Il peut confortablement se laisser envahir, subventionner l'étranger, s'abandonner dans le grand tout sans nom de la production et de la consommation américaine. Il peut aussi, s'il le veut, à force de créativité et d'ingéniosité, occuper des créneaux culturels et scientifiques qui le feront remarquer dans le monde entier, tout en lui permettant de garder son identité. *Servitude ou créativité*

Cette dernière option est possible. On n'a pas besoin de parler anglais pour être moderne: encore ici, il y a un mythe à crever. On peut être à l'avant-garde, tout en parlant français. «Abdiquer notre langue n'est pas une garantie de modernité [...]. Notre seule arme, c'est notre créativité[16].»

Les dernières années ont marqué, chez nous et partout dans le monde, l'ascension fulgurante des droits individuels. Le balancier s'en va très fort de ce côté, au risque parfois de faire oublier d'autres droits ou d'autres valeurs, ce qui peut nuire finalement à la justice ou au bien-être général. S'il n'est circonscrit ou limité par ses obligations envers le bien commun ou la collectivité à laquelle il appartient, l'individu, oubliant qu'il est citoyen, aura finalement tendance à exercer pleinement ses droits sans égard pour l'un ni pour l'autre. *Le déséquilibre des droits*

Certes, l'affirmation forte et solennelle des droits individuels est une nécessité à laquelle il faut souscrire entièrement: elle permet de garantir le respect et la dignité de la personne contre l'envahissement de l'État et les abus possibles. L'individu n'est pas un serviteur de l'État. Mais cela nous amène-t-il à conclure à l'entière liberté de l'individu face aux autres et face à la collectivité à laquelle il appartient? Le véritable droit n'est-il pas celui qui est respectueux du droit des autres et prêt à souscrire aux obligations communes? Et pourquoi le droit des individus ne serait-il pas compatible avec le droit de tous les individus réunis ensemble pour protéger leur identité collective?

Les droits collectifs   Les droits collectifs risquent d'être mis en échec encore longtemps si on les oppose constamment aux droits individuels. Le Québec devrait sortir de cette ornière et montrer, sur le plan juridique, la voie de l'avenir, puisqu'il est directement concerné par cette question. Nous possédons d'éminents juristes. Certains ont déjà entrepris d'établir les distinctions qui s'imposent. Ils pourraient faire entendre leur voix encore plus fortement, ici et ailleurs, et tracer à l'évolution du droit les nouvelles avenues qui donneront à la fois aux individus et aux peuples la libération et l'épanouissement qu'ils attendent. N'est-il pas temps de mettre en lumière les principes et l'ingénierie juridiques capables de montrer que les droits des individus et les droits de notre «société distincte» sont d'ordre différent mais tous les deux nécessaires, qu'ils peuvent et doivent s'abouter dans un respect mutuel qui comporte des obligations et des limitations réciproques, et que l'aménagement global de notre vie en société est possible sans la promotion anarchique des droits individuels et sans le développement totalitaire de notre identité collective?

La force de la francophonie

Le Québec peut donc, s'il le veut, forcer les portes de l'avenir en maîtrisant, jusqu'à un certain point, les grands pans de son développement qui lui ont échappé jusqu'ici: évolution démographique, production culturelle et scientifique, progrès de la réflexion sur la question des droits.

À cet égard, son appartenance à la francophonie et le rôle important qu'il a commencé à y jouer constituent un levier majeur qu'il doit utiliser à fond pour assurer son développement global en français. *Un levier majeur*

Les années 1986 et 1987 ont été marquées par les deux premières réunions mondiales des États ou des Gouvernements ayant en commun l'usage du français. Cette naissance «réelle» de la francophonie, après plusieurs tentatives avortées, constitue un événement de première importance dont il ne faut pas minimiser les effets à long terme comme composante d'un nouvel ordre culturel, voire économique, international.

Les Sommets de Paris (février 1986) et de Québec (septembre 1987) ont mis en place une foule de projets touchant la langue, la culture et les communications, l'agriculture et l'énergie, le développement technologique et scientifique. Des sommes importantes ont été dégagées pour la réalisation de ces projets, destinés à accroître la solidarité des pays francophones en engageant leur partenariat dans un développement commun.

Certes, les assises de cette francophonie demeurent encore fragiles. Sur les 420 millions d'habitants des 46 pays qui la composent, à peine le quart peuvent être décrits comme «francophones[17]». De plus, 75 % des habitants du monde francophone vivent dans des pays en développement. En s'assoyant à la table des sommets francophones, ces divers pays

127

n'ont donc pas tous les mêmes attentes ni les mêmes intérêts culturels ou économiques.

Mais, malgré tout, la francophonie constitue une force naissante, du fait de la détermination et de la volonté politique des États qui ont été fidèles aux deux premiers rendez-vous et qui ont marqué des points dans la consolidation du dessein initial. Le troisième Sommet, celui de Dakar en 1989, sera sans doute décisif pour la consécration de ce dessein.

Lien
entre économie
et culture

Ce qu'il faut retenir, pour le moment, c'est l'orientation prise au Sommet de Québec de lier dans un même sort les développements économique et culturel des pays francophones. Dans une résolution adoptée à cette occasion, les chefs d'État se sont engagés «à assurer une croissance équilibrée du commerce international et, partant, de l'économie mondiale, tout particulièrement de celle des pays en développement», et ils ont convenu «que leurs pays doivent se consulter et se concerter davantage pour atteindre ces objectifs, témoignant ainsi d'une manière concrète et tangible de leur solidarité et de leur volonté de coopérer sur la base de l'usage qu'ils font en commun du français».

Pour rendre possible la création de ce nouvel «espace économique francophone», il faut d'abord dépasser la vieille opposition entre le «culturel» et l'«économique». Dans un monde de compétition technologique et culturelle, la langue française ne saurait se défendre et gagner du terrain si elle se confine dans les exercices académiques et l'art pour l'art. Elle doit apprendre à se vendre, à envahir les produits culturels et commerciaux, sans tomber pour autant sous la coupe d'impératifs mercantiles. Il faut opérer une jonction mutuellement avantageuse entre les créateurs et les entrepreneurs. C'est donc dire en même temps que le développement de la langue française et d'un espace économique francophone ne doit plus être seulement l'affaire du gouvernement, mais aussi des entreprises privées, qu'on doit amener à s'y intéresser activement.

Il faut ensuite que les pays francophones — et cela est surtout vrai pour le Québec — décident sérieusement d'accroître leur part d'échanges commerciaux avec les pays francophones. Plus des 3/4 des exportations québécoises, en 1986, se faisaient vers les États-Unis. Selon les statistiques de 1985, le Canada arrivait en fin de liste de tous les pays «francophones», après Haïti et le Vietnam, pour le total de ses importations et de ses exportations avec d'autres pays francophones: son degré d'insertion commerciale dans la francophonie n'était que de 3 % par rapport à 20 % pour la France[18]. Peut-on vraiment prétendre vouloir jouer un rôle important dans la francophonie, si on ne contribue pas davantage à la création et à la consolidation de l'espace économique francophone?

Un espace économique francophone

Une fois que le Québec aura révisé ses priorités et ses stratégies en ce sens, il pourra jouer un rôle clef dans ce développement de la francophonie qui unit étroitement langue et économie. D'abord parce qu'il peut injecter dans ce développement une part du savoir-faire «américain» qui manque à ses partenaires. Ensuite parce qu'il peut transposer à l'échelle francophone une partie de l'expérience et de la «négociation» culturelles que lui a values la promotion économique et politique de sa langue depuis 25 ans.

Le rôle du Québec

Ce dernier aspect mérite un mot d'explication. Il ne faut pas perdre de vue que nous parlons ici d'un espace économique *francophone*. On peut créer mille projets économiques entre pays «francophones» sans que la francophonie avance d'un pouce. Ce qui fait l'essentiel de la francophonie, c'est avant tout l'usage et le développement de la langue française et, pour ainsi dire, des valeurs historiques et culturelles qu'elle représente. Il s'agit donc d'un espace économique qui doit déboucher sur une certaine communauté d'âme et d'esprit véhiculée par la langue française. L'édification d'un tel espace sur le plan international est comparable, à maints égards, à celle que les Québécois ont dû réaliser pouce par pouce, à force de négociations, de convictions et d'interventions répétées, pour vivre en français, travailler en français, produire, vendre et consommer en français. Sur la trame d'une histoire vécue, les Québécois cherchent d'ailleurs, au seuil du XXIe siècle, à renouveler eux-mêmes leur stratégie interne d'aménagement linguistique et à dégager, si possible, une nouvelle mobilisation linguistique à partir d'une nouvelle «entente» sociale. L'objectif québécois et l'objectif «francophone» peuvent facilement s'épauler l'un l'autre.

Un projet économique favorisant le français

Il s'agirait, écrit Paul Bernard, «d'inventer et de proposer au Québec», et j'ajoute à la francophonie, «un projet socio-économique renouvelé qui incorpore l'usage du français». Au lieu de considérer l'évolution économique mondiale comme une dépendance du plus petit par rapport au plus fort qui impose tout, y compris sa langue, ne pourrait-on pas introduire dans un nouveau projet de développement la notion d'interdépendance? «Il faut identifier les acteurs socio-économiques qui doivent être engagés dans un tel projet: employeurs, travailleurs autonomes, cadres, spécialistes de tous ordres, employés... [...] Il faut les amener à négocier leurs différences, à passer des accords, à convenir de façons de réorganiser le travail [...] qui permettent à la fois d'avoir une économie dynamique et de la faire fonctionner en français[19].»

Il ne suffira donc pas de créer des projets économiques entre pays francophones pour assurer le développement de la langue française et de la francophonie. Il faudra aussi que ces projets s'accompagnent de forums, d'échanges et d'accords sur la langue pour que l'activité économique et les échanges commerciaux débouchent vraiment sur une communauté d'expression française, dans le respect et la richesse des diversités culturelles.

Le levier fondamental: l'éducation

Or, n'est-ce pas chez soi qu'il faut d'abord développer, quotidiennement, dans les attitudes, les gestes et les comportements, cette francophonie dont on parle tant? Citons, à ce propos, ces mots de Jean-Marc Léger:

> Il serait paradoxal, et pour le moins incohérent, de prétendre organiser et développer une communauté mondiale de langue française si, dans le même temps, nous laissions se dégrader cette langue dans chacun de nos pays, se multiplier les chevaux de Troie clandestins et s'affaiblir ou s'étioler les instruments de sa défense et de sa promotion[20].

Quand il s'agit de planifier le développement d'une langue ou, si l'on veut, de procéder à «l'aménagement linguistique» d'un pays, les spécialistes disent volontiers que le levier le plus important, ce sont les communications institutionnalisées[21]. Mais ces communications institutionnalisées n'ont pas toutes la même force incitative. Les unes agissent en donnant l'exemple, comme les communications écrites de l'État et l'affichage public. Leur valeur pédagogique et leur effet d'entraînement sont loin d'être négligeables. D'autres impliquent davantage et plus personnellement l'individu; par exemple, les médias, et surtout l'éducation, qui est plus susceptible d'amener des changements durables dans les perceptions et les comportements linguistiques.

L'éducation a ceci de particulier et d'énorme qu'elle inscrit le changement personnel dans le changement collectif en expliquant et en faisant comprendre le fond même et les objectifs de notre

Les communications institutionnalisées

131

aménagement linguistique. C'est du moins ce qu'elle devrait faire. Mais l'éducation joue-t-elle vraiment ce rôle? On est forcé de constater que rien de cela n'a été prévu ou planifié dans la Charte de la langue française, ou encore dans les programmes du ministère de l'Éducation. L'essentiel de la dynamique de notre aménagement linguistique des dix dernières années s'est déroulé en dehors de l'école et a touché principalement les entreprises, les commerces, les services publics, le milieu du travail et le monde des affaires. On a pu constater jusqu'à quel point les étudiants sont ignorants des transformations linguistiques qui se sont produites au Québec.

La langue dans l'éducation   Posons carrément la question: Combien de finissants du secondaire n'ont jamais entendu un professeur leur expliquer, dans le cadre d'un cours, la place de la langue française au Québec et dans le monde; la politique de la langue française que s'est donnée le Québec depuis le début de la Révolution tranquille; le déroulement de la francisation qui s'est opérée au Québec au cours des dernières années dans les services publics, les entreprises, le commerce et les affaires; l'important développement terminologique auquel s'est livré le Québec depuis vingt ans; les relations entre langue, économie et marché du travail; et, plus important encore, les raisons qui ont amené le Québec à se donner une politique de la langue française; les fondements historiques de ce projet de société; la place du Québec dans l'ensemble de la francophonie; les relations du Québec avec la France et l'Amérique; et finalement les succès culturels et techniques réalisés en français par le Québec.

Si cela ne fait pas partie nécessairement, obligatoirement, d'un processus sérieux d'aménagement linguistique, à quoi donc peut bien servir un système d'éducation publique qui prétend se donner des objectifs nationaux? Comment peut-on espérer qu'au sortir de l'école le jeune citoyen tienne à faire usage de la langue française, affiche des comportements favorables au développement de celle-ci et engage ses énergies créatrices dans des projets qui en assurent l'expansion?

Fort heureusement, ici et là, des enseignants, devançant le ministère de l'Éducation, prennent l'initiative de susciter chez leurs étudiants le désir de connaître «l'heure juste» et de «se situer personnellement» par rapport à la place, au statut et à l'importance de la langue française au Québec et dans le monde.

Le ministère de l'Éducation continue de commettre l'erreur qui consiste à n'enseigner la langue française que comme un système de communication, alors que toute l'histoire passée, présente et future du Québec est intimement liée au développement d'une langue française conçue comme un système de références historiques et de valeurs sociales, économiques et culturelles. Le résultat net de cette «inversion» pédagogique est que l'enseignement «intellectuel» et désincarné du français a pénétré de plus en plus notre enseignement collégial et secondaire, alors que la véritable connaissance «affective» de la langue, avec ce qu'elle représente de plus motivant pour nous Québécois, se trouve ignorée dans nos programmes d'études.

La langue comme système de valeurs

À moyen terme, cette erreur de perspective nous coûtera cher. Elle est impardonnable chez ceux qui, conscients des enjeux, se retranchent néanmoins derrière la «qualité» de la langue et réduisent à cette seule dimension l'enseignement public du français. Une réalité saute pourtant aux yeux: en Amérique du Nord, au seuil de l'an 2000, l'enseignement du français comme système de communication n'a pratiquement aucun sens s'il n'est pas doublé en même temps d'un enseignement du français comme système de valeurs et de références qui fasse

133

comprendre à l'étudiant pourquoi et comment le Québec entend assurer l'intégrité et le dynamisme de son développement en français dans un contexte géopolitique qui ne le favorise guère.

La qualité de la langue
Ceci dit, la qualité de la langue demeure aussi un objectif extrêmement important et il est encourageant de constater qu'il se produit actuellement, dans le monde de l'éducation, à tous les niveaux, un réveil, une prise de conscience, qui s'étend de proche en proche, à l'intérieur de nos institutions d'enseignement, à propos de la nécessité de prendre les mesures appropriées pour assurer aux étudiants la maîtrise du français.

Le Conseil de la langue française a joué un rôle important dans cet éveil[22], le Conseil supérieur de l'éducation également[23]. Comme il arrive souvent en aménagement linguistique, on sent que le fruit est mûr et que cet objectif correspond maintenant à une volonté générale. Nous sommes rendus là et nous n'avons plus d'autre choix que de faire un pas en avant.

Intégration des immigrants
Enfin, un défi majeur attend le Québec, et tout particulièrement la région de Montréal, au cours des prochaines années. Ce défi découle en grande partie du constat démographique que nous avons fait précédemment. Dans la situation problématique où se trouve le Québec, une nécessité s'impose à lui: élargir la base francophone du Québec, en y attirant les membres des communautés culturelles, dans le respect de leurs cultures d'origine. C'est par une école française de plus en plus ouverte et adaptée à la pluralité ethnique que ce défi pourra se réaliser[24].

Cet élargissement de la base francophone du Québec (que les Québécois francophones de souche ne peuvent plus assurer par eux-mêmes) ne donnerait rien s'il n'était que forcé. C'est pourquoi, l'obligation cédant la place à l'attrait, il nous appartient de

134

le faire reposer avant tout sur le partage des cultures et des amitiés, et sur l'association librement consentie ou mutuellement avantageuse d'intérêts économiques ou sociaux. L'expression la plus concrète et la plus significative de ce nouveau contrat fondé non plus sur l'ethnie mais sur la poursuite en commun d'objectifs nationaux clairement consentis, et en premier lieu, celui du développement de la langue française, sera sans aucun doute la présence et le nombre, au sein des divers organismes publics, de Québécois de diverses origines que les circonstances et les attitudes respectives n'ont permis d'accueillir jusqu'ici que fort timidement.

Pour atteindre ces objectifs d'ouverture et de collaboration et mettre en place ce nouveau modus vivendi, il faudra procéder à une révision profonde des stratégies, des approches et des programmes actuels de notre système d'éducation. C'est à ce prix seulement qu'on pourra donner aux Québécois francophones les garanties dont ils ont besoin, préparer les anglophones et les allophones à vivre dans un Québec français différent du reste du Canada, et amener les uns et les autres à travailler ensemble à des réalisations utiles et originales sur le plan national et international.

1. Hal Winter, *Le Devoir*, 24 août 1987. *Notes*
2. *La Presse*, 11 avril 1987.
3. Gary Caldwell, «Le Québec dans le monde passe par la Loi 101 et non par la Charte des droits des personnes», Conférence, janvier 1987, (Union des écrivains québécois).
4. *La Presse*, 11 avril 1987.
5. *Étude de l'impact culturel, social et économique des tendances démographiques actuelles sur l'avenir du Québec comme société distincte*, Assemblée nationale du Québec, Commission permanente de la culture, 1985.

6. Avis du Conseil de la langue française sur «Les aspects démolinguistiques de l'évolution de la population du Québec», 20 juin 1986; Voir également Michel Paillé, CLF, *Notes et documents*, n° 53.

7. 80,7 % en 1971; 82,5 % en 1981; prévision pour 2001: 84 %.

8. 30 % en 1951; 26,5 % en 1981.

9. Charles Castonguay, dans *L'état de la langue française au Québec, Bilan et prospective*, CLF, 1986, tome I, p. 201 ss; *La situation linguistique au Canada*, Statistique Canada, n° 99-935, janvier 1985.

10. M. Paillé, *loc. cit.*, p. 45.

11. D'après le démographe Jacques Henripin, *La Presse*, 24 mai 1987.

12. Jean Martucci, «Lire l'avenir en français», Conférence donnée à l'Association québécoise des professeurs de français (AQPF), octobre 1986; *Conscience linguistique des jeunes Québécois*, CLF, 4 tomes; Daniel Monnier, dans *Aspects de l'évolution de la situation linguistique au Québec*, CLF, 1986, p. 17-19.

13. Statistique Canada, numéros 31-401 et 63-222.

14. Avis du CLF sur «La place du français dans l'information scientifique et technique», 20 juin 1986.

15. Louis-Philippe Hébert, «Moderne et français», Communication donnée au colloque sur «L'avenir du français au Québec» (Union des écrivains québécois), le 2 mars 1987.

16. *Ibid.*

17. *État de la francophonie dans le monde*, Haut Conseil de la francophonie, Paris, La Documentation française, 1985.

18. «Dimension économique de la francophonie», Document déposé devant le Haut Conseil de la francophonie, Paris, 1987.

19. Paul Bernard, *Commentaires sur le rapport «Prospective de la langue française au Québec»*, CLF, 1987, p. 58-60.

20. Jean-Marc Léger, Allocution prononcée à la Sorbonne, Paris, 1987.

21. Jean-Claude Corbeil, *L'aménagement linguistique du Québec*, Montréal, Guérin, 1980.

22. Avis du CLF sur «L'enseignement du français, langue maternelle», 30 juin 1987.

23. Avis du CSÉ sur «La qualité du français à l'école: une responsabilité partagée», novembre 1987.

24. Voir chapitre 4, note 7.

Conclusion

Un diagnostic global

Quel a été l'effet réel et global de la politique linguistique du Québec au cours des dix dernières années?

Sans revenir sur ce que nous avons dit au cours des chapitres précédents ou sur les chiffres que nous avons donnés, essayons de prononcer un diagnostic global, en le situant dans son contexte.

Jusqu'ici, il faut le reconnaître, la politique linguistique du Québec s'est surtout traduite par une législation, qui a accaparé la majeure partie de l'attention et des énergies. Or, en construisant l'édifice linguistique québécois, cette législation n'a mis l'éclairage que sur deux des quatre piliers majeurs de tout aménagement linguistique: *le travail et l'économie*, d'une part, *la consommation de biens et de services*, d'autre part. Il n'est nullement question, dans la Charte de la langue française, de *l'évolution démographique et de l'immigration*, ni de *la culture et des médias*, qui constituent également des éléments porteurs indispensables à tout échafaudage linguistique.

137

Si l'on considère l'éducation comme le fondement de cet échafaudage, il y a lieu de faire remarquer, comme nous l'avons dit au chapitre précédent, que la Charte de la langue française s'est contentée d'aborder ce secteur névralgique par le biais de la langue d'*enseignement* et uniquement en fonction de l'accès à l'école anglaise; qu'elle n'a pas du tout exploité le levier de l'*éducation* pour préparer le futur citoyen à avoir des attitudes et des comportements linguistiques en harmonie avec les objectifs socio-économiques et socio-culturels qu'elle poursuit.

Si l'on considère enfin que l'État et la Justice constituent en quelque sorte la toiture qui recouvre cet édifice linguistique et qui en tient les parties ensemble, alors on peut considérer que la Charte de la langue française avait reconnu leur importance en leur donnant une place de choix, dès les chapitres III et IV de la Loi.

Quel jugement global peut-on porter sur les effets de la Loi 101? Certes, il n'est pas facile de juger de l'état d'avancement de notre édifice linguistique, ni de coter de façon précise l'usage généralisé du français dans les divers secteurs. La tentative qui est présentée au tableau 8 n'a rien d'absolu: elle est destinée surtout à provoquer la réflexion. Pour les nuances et les variations à l'intérieur de chaque grand secteur, on se reportera aux études appropriées.

Deux remarques s'imposent ici. Il est évident que, par son poids, son importance et sa situation linguistique particulière, la région métropolitaine de Montréal compte pour beaucoup dans les évaluations du tableau 8. D'autre part, les jugements ont été portés par rapport à l'objectif d'un Québec beaucoup plus unilingue que bilingue, en conformité avec les objectifs de la Charte qui fait du français la langue officielle du Québec, la langue commune de tous les Québécois et «la langue normale et habituelle du

138

travail, de l'enseignement, des communications, du commerce et des affaires». Il est évident qu'on arriverait à d'autres résultats si on prenait pour acquis que le Québec ne pourra jamais être français à plus de 80 %. Enfin, il est clair que la Loi 101 aurait pu avoir des effets plus marqués si elle n'avait été mise en échec par les tribunaux, à plusieurs reprises, comme nous l'avons montré au chapitre 5.

TABLEAU 8
Essai d'évaluation de l'état d'avancement de l'édifice linguistique québécois
(usage généralisé du français ou rendement)

Les piliers

☑ Travail et économie........................... + −

☑ Services publics et consommation .... +

● Évolution démographique et immigration .... − −

● Culture et communications (médias) .... −

La fondation

☑ Accès à l'école française .... +

● Enseignement du français aux immigrants .... −

● «Éducation à la langue» (comme système de valeurs) .... − −

La toiture

☑ Administration de la Justice................... + −

● Clarification des droits linguistiques............ − −

☑ Administration publique...................... +

   Volonté politique: 1977-1982 .... + +

●   1982-1985 .... + −

                          1985-1987 .... −

☑ Secteurs touchés par la Loi 101

Échelle d'évaluation: + + très bon
                      +
                      + −
                      −
                      − − très faible

Si l'on estime que, pour l'ensemble des secteurs touchés par la Loi 101, on a parcouru à peu près les deux tiers du chemin, il n'en est pas ainsi des autres secteurs névralgiques — l'évolution démographique, l'immigration, la culture, les communications, l'«éducation à la langue» comme système de valeurs — qui ont été laissés dans l'ombre par la Loi 101 mais qui doivent tenir une place de plus en plus importante dans la politique linguistique du Québec, sinon dans sa législation linguistique. Si on ajoute ces dimensions à celles qui précèdent, c'est plus que la moitié du chemin qu'il nous reste à parcourir pour bâtir, développer et maintenir à long terme un Québec français digne de ce nom.

Stratégies d'avenir

Faut-il pour cela inclure ces nouvelles dimensions dans notre législation linguistique? Cela n'est pas nécessaire, ni peut-être même souhaitable. Une législation a ses limites: elle ne peut pas tout faire, et il faut éviter de lui conférer une vertu magique et de se reposer entièrement sur elle. Ce qu'il faut faire, par contre, c'est restaurer le mieux possible la Charte de la langue française, lui donner la force et la précision nécessaire pour faire respecter efficacement les droits linguistiques fondamentaux des Québécois (articles 2 à 6) et lui conférer véritablement le caractère et l'importance d'une charte.

Au-delà de ces moyens législatifs, il est urgent que le gouvernement du Québec se tourne résolument vers la mise en œuvre de politiques et de programmes de soutien (incitation, subventions, déductions fiscales) et ce, autant pour le développement de la famille québécoise et l'intégration des immigrants à la société française, que pour la création culturelle et le développement des communications en français.

Il est urgent également que le gouvernement investisse, de façon neuve et dynamique, dans la fondation et dans la toiture de l'édifice linguistique. Car c'est là que résident les enjeux essentiels. C'est sur la fondation que l'on construit. Or, comment construire un Québec français si on ne sait pas pourquoi; si on ignore la place, le rôle et l'importance du français au Québec, en Amérique et dans le monde; si on n'a pas appris à l'école que la langue française, en plus d'être un système de communication, représente pour les Québécois un système de valeurs et de références historiques, économiques et culturelles? D'où l'importance de «l'éducation à la langue», et non pas seulement de «l'enseignement de la langue».

Mais la toiture recouvre l'ensemble de l'édifice et donne en quelque sorte à toutes les parties leur valeur respective. Il faut expliquer et éclairer, beaucoup plus que cela n'a été fait jusqu'ici, les droits des minorités par rapport à ceux de la majorité et les droits individuels par rapport aux droits collectifs, en situant les uns et les autres à leur juste place, sans succomber aux poussées sociales qui, de nos jours, favorisent les uns aux dépens des autres. Ce serait un grand pas de franchi que d'asseoir légitimement l'édification d'un Québec français sur des bases sûres et sereines qui soient en même temps respectueuses du droit des autres.

Il y a cependant un obstacle de taille. Au sein d'une fédération, un État fédéré n'arrive jamais à mettre en œuvre ses politiques linguistiques, à moins qu'elles ne coïncident parfaitement avec celles du gouvernement central ou que l'État fédéré ne dispose des pleins pouvoirs pour le faire. Or le Québec ne jouit actuellement d'aucune de ces deux conditions. Il ne dispose pas des pleins pouvoirs législatifs en matière linguistique, du moins depuis l'adoption de la Loi constitutionnelle canadienne de 1982. Et le gouvernement d'Ottawa, encore tout récemment, à l'occasion de l'accord du lac Meech, a reconnu la dualité linguistique du Canada comme une caractéristique fondamentale de la fédération, ce qui risque fort de mettre en échec le caractère trop exclusivement français du Québec. C'est pourquoi certains ont déjà conclu que le Québec ne pourra vraiment se développer en français que s'il est souverain.

Mais, quel que soit son statut, le Québec, à cause de sa situation géographique et culturelle, devra tout mettre en œuvre pour assurer la protection et le développement de la langue française. Cette protection devra demeurer vigoureuse; ce développement devra se situer à la fine pointe de la technologie et de la modernité.

Et, par-dessus tout, il faudra vouloir, d'une volonté continue, donner au français toute la place qui lui revient. Surtout, ne pas laisser les autres vouloir à notre place. Bien souvent, nous l'avons constaté, au moindre gain, nous croyons que la partie est gagnée. Notre constance ne dure pas longtemps, elle résiste mal aux obstacles. Et notre détermination a le souffle court...

Ce «vouloir» continu, dont nous avons besoin, n'est pas seulement justifié par notre désir séculaire de rester nous-mêmes. Nous avons acquis, par la force des circonstances, la conscience très vive des conditions de notre développement linguistique. Nous savons maintenant que la langue n'est pas «un problème à régler», mais un bien à développer de façon permanente. Nous avons compris également et nous commençons à constater que nos progrès linguistiques des dernières années ne sont pas irréversibles.

Il ne nous reste plus qu'à vouloir, d'une volonté créatrice et vigilante, constante et quotidienne. Car nous savons bien, au fond de nous-mêmes, que cette volonté collective qui engage à la fois les citoyens et le gouvernement, constitue la clef et la condition essentielle de notre réussite et de la reconnaissance de notre identité.

Table des matières

Achevé d'imprimer à Montmagny
à l'imprimerie d'édition Marquis ltée
en septembre 1993